ZHONGGUO TUDI SHOUGOU CHUBEI DE
YUNXING JIZHI YANJIU

中国土地收购储备的运行机制研究

母小曼　李沁怡／著

西南财经大学出版社

中国·成都

图书在版编目(CIP)数据

中国土地收购储备的运行机制研究/母小曼,李沁怡著. —成都:西南财经
大学出版社,2022.6
ISBN 978-7-5504-5328-9

Ⅰ.①中… Ⅱ.①母…②李… Ⅲ.①土地管理—研究—中国
Ⅳ.①F321.1

中国版本图书馆 CIP 数据核字(2022)第 065768 号

中国土地收购储备的运行机制研究

母小曼 李沁怡 著

责任编辑:李晓嵩
责任校对:王甜甜
封面设计:墨创文化
责任印制:朱曼丽

出版发行	西南财经大学出版社(四川省成都市光华村街 55 号)
网 址	http://cbs.swufe.edu.cn
电子邮件	bookcj@swufe.edu.cn
邮政编码	610074
电 话	028-87353785
照 排	四川胜翔数码印务设计有限公司
印 刷	四川五洲彩印有限责任公司
成品尺寸	170mm×240mm
印 张	9.75
字 数	170 千字
版 次	2022 年 6 月第 1 版
印 次	2022 年 6 月第 1 次印刷
书 号	ISBN 978-7-5504-5328-9
定 价	88.00 元

前言

　　土地储备是城市土地收购储备中心通过征用、收购、置换、转制、收回等方式，从土地使用者手中，把分散的土地集中起来，并由土地收购储备中心组织进行职工和居民的安置、房屋拆迁、土地平整等一系列土地整理工作后，将土地储备起来，再根据城市规划和城市土地出让年度计划，有计划地将土地投入市场。我国城市土地归国家所有，通过实行土地有偿、有期限使用形成土地市场。在这种土地制度框架下，国家是唯一的土地所有者，国有土地使用权出让和出租形成垄断性的城市土地一级市场。从国家取得的合法土地使用权在合同规定的范围内可以进入市场流通，进行转让和转租，形成竞争性的土地二级市场。土地储备制度的出现不是偶然的，而是我国经济体制改革、土地使用制度改革和土地管理改革深化的必然结果。

　　随着我国土地储备制度的推行和发展，我国土地市场的规范化建设取得了长足的进步，但我国建立土地储备制度的时间还不长，尚存在一些不够完善的地方，如缺乏法律法规的支撑，没有明确的法律地位，在实践中出现了一些问题。例如，土地储备机构性质定位模糊，责任、权利不明确，土地储备政策难以有效实施，并且缺乏有效的监督机制，土地储备制度的公平性、公正性难以保证，等等。这些问题将影响我国土地市场的长远健康发展。加强土地储备制度的系统化建设，建立多渠道资金筹集机制，保障土地储备顺利进行，才能使土地储备更好地服务于我国的经济建设。

　　本书通过对土地储备运行机制及发展现状的剖析，指出了土地储备三个环节，即土地收购、土地储备和土地供应运作过程中的问题，并针对每个环节出现的问题进行了科学的分析。在土地收购储备的运行机制中，存在着一定的寻租现象。在土地收购环节，个别地方政府片面追求"以地生财"，几乎一切征地项目都搭公共利益的"便车"，随意出让、批租国有土地。一些开发区"圈而不用""储而不用"，真正的工业企业却征不到地，影响了企业的发展；在土地储备过程中，一些城市政府在土地资源配置和土地利益分配的问题上，有强烈的追求地方经济利益的趋向。当国家利益与地方利益有冲突时，个别地方政府竭力维护地方利益，从而导致地方政府与中央政府之间的寻租行为出现。在土地供应运作过程中，这种寻租行为表现为政府与开发商的博弈，其焦点体现在对开发商的授权上。本书的一个创新点就是关于土地收购储备的博弈分析，包括中央政府与地方政府的博弈分析、不同届地方政府之间的征地博弈分析、政府与开发商的博弈分析。

本书在深入分析土地收购储备运行机制各个流程的基础上，提出了一个可能有助于我国土地储备制度有效运行的机制基本框架，并对完善土地储备制度的管理措施进行了探讨。本书提出，建立健全城市土地利用规划制度，科学客观评价储备土地实际价值，加强土地储备的管理，建立社会化的资金筹措机制；加强土地收购储备风险控制及贷款控制，确定合理的土地收购价格；加强城市土地收购储备相关法律法规建设。土地收购储备从表面上看，既是储备土地，也是储备资金，土地收购储备运作过程中需要大量资金，这成为土地收购储备制度顺利实施的关键。在土地储备过程中，丰富筹资渠道、促进开发项目方式多样化等手段，有助于合理确定土地收购价格等。我国应从资金流入方向和资金流出方向来构建资金内部良性循环体系。本书提出，提高土地收购储备机构自有资金的比例，才是保证土地收购储备过程中资金顺利流动的根本。土地收益分配体系也是土地收购储备财政保障制度必不可少的组成部分。正如国家所提倡的，在土地制度改革中，必须探索一条满足工业化、城市化建设用地需要与保护耕地政策相协调的新途径。其出路在于：一是继续实行土地占补平衡政策；二是继续实行严格的节约用地制度；三是改革完善征地制度，规范政府和企业的征地行为。由此可见，本书所研究的土地收购储备问题具有与时俱进的现实意义。

母小曼

2022 年 1 月

目录

1 绪论

1.1 现状综述与研究意义

1.1.1 现状综述

改革开放后，中国经济一直是世界经济重要的增长极，中国经济的增长速度大大高于世界经济的平均增长速度。土地市场作为市场经济的核心之一，在中国经济市场化改革中起到了重要的枢纽作用。土地有偿使用制度的建立和其他要素市场的发展极大地推动了中国土地市场和房地产市场的发展，但由于经验不足和制度上的漏洞，这两个市场也出现过总量失衡和投机现象。在我国，城市土地归国家所有，通过实行土地有偿有期限使用形成土地市场。在这种土地制度框架下，国家是唯一的土地所有者，国有土地使用权出让和出租形成垄断性的城市土地一级市场；从国家取得的合法土地使用权在合同规定的范围内可以进入市场流通，进行转让和转租，形成竞争性的土地二级市场。在过去，由于长期实行土地无偿、无期限划拨使用制度，大量城市存量土地的产权不明晰、管理制度不完善，各城市政府一直未能实现城市土地一级市场的垄断供应。一些单位和企业绕开政府私自进行土地出租和转让，既造成了国有资产的流失，又导致市场价格信号失真。"炒卖地皮"的现象时有发生，既扰乱了房地产市场秩序，又给城市规划和城市管理造成很大困难。对已经被纳入有偿使用的土地供应，95%以上的土地采用了协议出让方式，致使出让价格偏低，国有资产流失现象严重。因此，在开启城市土地使用制度改革的大门以后，如何规范和有效管理土地市场就成了政府迫切需要解决的问题。

近年来，我国土地管理事业不断开拓、不断创新，土地管理体制机制、法律制度不断完善，管理水平不断提高。然而在新形势下，土地资源宏观调控中仍然存在一些突出矛盾和问题，主要是建设用地总量增长过快，工业用地低成本过度扩张，违法违规用地、滥占耕地现象屡禁不止。我国城镇建设用地集约利用程度不高，农村宅基地使用普遍超标，闲置、浪费土地和违法用地问题比较严重，国家基础设施用地和工业项目用地的市场化配置程度还不高，反映市场供求和资源稀缺程度的价格形成机制尚不完善，土地资源节约、集约利用的体制机制尚未形成。这些问题必须采取切实有效的措施加以解决。

在此背景下，城市土地储备制度作为一种制度创新应运而生。一段时期以来，土地收购储备制度建设成为各地政府和土地管理部门探索盘活存量土地、转变土地利用方式的热点工作。为此，国务院在 1992 年 11 月下发了《国务院关于发展房地产业若干问题的通知》，在强调深化土地使用制度改革的同时，强调了出让土地使用权集中统一管理等问题。1993 年 6 月，中央开始加强宏观调控，其中加强房地产市场的宏观管理是一项重要内容。1995 年 1 月，《中华人民共和国城市房地产管理法》开始实施，对出让土地使用权做了法律上的规范。所有这些措施的目的只有一个，就是培育和发展土地要素市场，充分发挥市场机制在配置土地资源方面的基础性作用。这些措施为过热的土地市场和房地产市场降温起到了明显的积极作用，为 1996 年中国经济实现"软着陆"做出了贡献。2000 年 10 月底，全国绝大多数省（自治区、直辖市）纷纷建立起土地收购储备机构，仅浙江省就有 8 个市的 137 个县（市）建立了这种机构。2001 年 4 月，国务院下发了《国务院关于加强国有土地资产管理的通知》。2002 年 5 月，国土资源部发布了《招标拍卖挂牌出让国有土地使用权规定》。按照国务院关于"有条件的地方试行土地收购储备制度"的要求和国土资源部"拟用商业的土地必须通过拍卖或公开招标的方式出售"的规定，全国 250 多个城市开始陆续推行土地收购储备制度，各地方结合本地实际情况陆续建立了相应的土地收购储备机构——土地储备中心。土地储备中心负责对土地实行统一收购、统一储备、统一规划、统一开发、统一供应，严格控制供地总量。截至 2001 年 9 月底，全国已有 1 002 个市（县）建立了土地收购储备制度，1 604 个市（县）建立了重大事项集体决策制度，1 435 个市（县）开展了土地使用权招标拍卖，1 020 个市（县）完成了基准地价更新，1 142 个市（县）建立了信息发布制度，1 087 个市（县）建立了土地有形市场。截至 2005 年年底，全国已设立土地收购储备机构 1 700 余家，累计收购土地总面积超过 230 万亩（1 亩 ≈ 667 平方米，下同），投入收购土地总费用达 1 965 亿元。同时，通过土地开发整理，64 万亩"生地"变为"熟地"，投入开发整理总费用达 741 亿元。建立和完善我国的土地收购储备制度已成为各级人民政府的一大要务，储备土地已成为以招标、拍卖、挂牌出让方式出让土地的主要来源。所谓土地储备制度，是指城市政府依照法律程序，运用市场机制，按照土地利用总体规划和城市规划，对通过收回、收购、置换、征用等方法取得的土地进行前期开发、整理，并予以储存，以供应和调控城市各类建设用地的需求，确保政府切实垄断土地一级市场的行为准则。在国外，这种土地储备机制较为普遍。城市一切活动都依赖土地，土地供给具有稀缺性，城市外延式供给是极其有限的。因此，只有把相当数量的土地资源、资产集中在政府的储备库，进行城市土地优化配置，才能形成一个土地利用布局适当、土地综合利用合理以及综合利用效率最高的模式。政府通过土地储备机制，把暂时不用的或结构不合理的土地收到政府手中，再根据市场的变化和用地的需求情况，有计划地把储备的土地释放出去，以实现对土地市场的有效调控。因此，建立土地储备制度既可以促进土地集约利用，消化闲置土地，又可以贯彻保护耕地的基本国策，对合理使用土地、提高土地利用效率等具有十分重要的现实意义。同时，建立土地储备机制是解决国有企业改制和改革中遇到困难甚至破产的企业存在的问题的重要途径。正因为土地收购储备存在诸多积极作用，才在全国大部分城市得到推广。虽然土地储备制度一经建立，就在全国大部分城市得到推广，并且取得了阶段性成果，但是在许多城市一哄而上实施土地储备的过程中，也出现了一些比较突出的问题。例如，一些城市房价大幅攀升；一些地方兴起了"圈地潮"，而将农业用地纳入土地储备范围，加大了增量土地的储备，造成失地农民不断增加；一些地方将"经营土地"作为生财之道，在"经营土地"的口号下，大兴土木，一个接一个上项目；土地储备机制中的利益分配机制需要理顺和规范；资金筹措、资金运用和风险控制机制不够完善；相关部门的配合和支持不够积极；土地储备机制的法律支撑条件还不完善，等等。这是因为在土地市场快速发展的同时，由于经济体制转轨、管理水平和法律法规不完善等方面的原因，土地市场潜伏着巨大的风险，给我国土地市场的良性运转带来了很大的阻力。因此，加强对土地市场的管理，确保土地市场的健康发展，对国民经济高质量发展具有重要的促进作用。

1.1.2　研究意义

2008 年，党的十七届三中全会通过了《中共中央关于推进农村改革发展若干重大问题的决定》。其中，对土地制度的表述是这样的："土地制度是农村的基础制度。按照产权明晰、用途管制、节约集约、严格管理的原则，进一步完善农村土地管理制度。坚持最严格的耕地保护制度，层层落实责任，坚决守住十八亿亩耕地红线。划定永久基本农田，建立保护补偿机制，确保基本农田总量不减少、用途不改变、质量有提高。继续推进土地整理复垦开发，耕地实行先补后占，不得跨省区市进行占补平衡。搞好农村土地确权、登记、颁证工作。完善土地承包经营权权能，依法保障农民对承包土地的占有、使用、收益等权利。加强土地承包经营权流转管理和服务，建立健全土地承包经营权流转市场，按照依法自愿有偿原则，允许农民以转包、出租、互换、转让、股份合作等形式流转土地承包经营权，发展多种形式的适度规模经营。有条件的地方可以发展专业大户、家庭农场、农民专业合作社等规模经营主体。土地承包经营权流转，不得改变土地集体所有性质，不得改变土地用途，不得损害农民土地承包权益。实行最严格的节约用地制度，从严控制城乡建设用地总规模。完善农村宅基地制度，严格宅基地管理，依法保障农户宅基地用益物权。农村宅基地和村庄整理所节约的土地，首先要复垦为耕地，调剂为建设用地的必须符合土地利用规划、纳入年度建设用地计划，并优先满足集体建设用地。改革征地制度，严格界定公益性和经营性建设用地，逐步缩小征地范围，完善征地补偿机制。依法征收农村集体土地，按照同地同价原则及时足额给农村集体组织和农民合理补偿，解决好被征地农民就业、住房、社会保障。在土地利用规划确定的城镇建设用地范围外，经批准占用农村集体土地建设非公益性项目，允许农民依法通过多种方式参与开发经营并保障农民合法权益。逐步建立城乡统一的建设用地市场，对依法取得的农村集体经营性建设用地，必须通过统一有形的土地市场、以公开规范的方式转让土地使用权，在符合规划的前提下与国有土地享有平等权益。抓紧完善相关法律法规和配套政策，规范推进农村土地管理制度改革。"可见，土地收购储备制度建设成为各地政府和土地管理部门探索盘活存量土地、转变土地利用方式的重点工作。土地储备问题的研究不仅仅局限于城市土地利用这一范畴，也包括对农村土地制度改革的探索。

农村土地制度的改革有着抵御全球金融危机影响的作用。这次土地制度改革的核心内容就是土地承包权向土地经营权流转的转化，这意味着农民对土地有了一定的处置权。也就是说，土地虽然还是那块土地，但由于农民对它的权利增加了，于是也就增加了农民手中的土地这项资产的价值。价值的增加决不仅限于微观层面，从宏观角度看，土地经营权的增值的直接结果是经济体价值的增加。此外，这次土地制度改革的意义可以延伸到很多方面，比如农村金融。流转权的确立，为下一步农民使用土地经营权进行抵押融资奠定了基础。可见，这次土地制度改革是中国宏观经济面对全球金融危机时的一项重大调整，对今后一个时期经济的复苏与发展有着重要的意义。

1.2 研究目的与主要内容

本书研究的目的是通过在土地收购储备运作过程中各利益集团或各行为主体间的互动机理的一系列博弈模型，在分析经济行为主体委托代理关系的基础上，找出优化各行为主体预期行为的最优均衡，最终为我国土地储备监管的政策规范设计提供基于这种博弈理论均衡分析的参考依据和理论基础，为我国土地监管的研究提供方法论工具和分析平台，并为我国土地监管的实践设计出理性的指导方针。本书研究的具体目标是获得各类博弈模型的纳什均衡，研究在土地收购储备过程中如何运用激励机制，设计制度约束，不断完善我国土地储备制度，更好地实现土地改革。

本书的内容主要如下：

1.2.1 相关基础理论

本书在探讨土地收购储备的运行机制问题时，应用信息经济学和制度经济学的相关理论，提出解决不对称的制度约束。学者李风圣曾这样理解信息经济学和制度经济学：用契约理论研究现代企业，尤其是研究所有权与控制权分离的现代企业，就是现代企业理论，因此其是契约理论的运用。新制度经济学又分为两个分支：制度环境和制度安排。制度环境是一系列基本的政治、社会和法律规则；制度安排是经济间的安排，治理这些单位合作或竞争的安排，治理这些单位合作或竞争的方式，能为其成员提供一个可以合作的结构或能影响法律和产权变迁的机制。虽然学界对信息经济学和新制度经济学有多种分类，但激励机制模型、产权理论、公共选择理论和交易成本经济学理论实际上是相互补充的，本书的研究和分析并不是单一运用某种理论，而是多种理论的综合。本书主要运用的是博弈论、激励机制模型和制度约束，试图从诸多经济学理论上对如何提高土地储备的运作水平和效率做一个较深入的研究，为我国土地收购储备制度效率的提高和土地收购储备的政策规范设计提供有益的参考依据和理论基础。

1.2.2 研究的基本框架

根据本书的研究目的和主要内容，结合国内外对土地收购储备机制的相关研究，本书在大量阅读文献资料的基础上形成了清晰的研究框架，具体的技术路线为：首先，提出研究的背景与问题，通过国内外相关研究综述介绍了最新的研究动态；其次，主要将土地收购储备的运行机制科学地分为三个环节，分别从各个环节入手，分析了土地储备运行机制现状及存在的弊端；最后，有针对性地运用了博弈分析、激励机制模型分析等理论模型对各环节进行了相对应的分析并为土地收购储备的各个环节提出了可行性的建议。本书的研究的基本框架如图 1-1 所示。

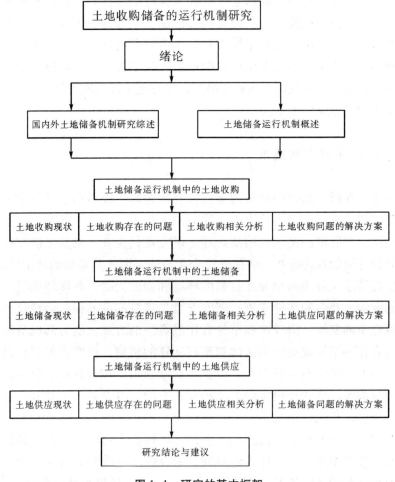

图 1-1　研究的基本框架

1.2.3　尝试进行土地储备运行机制和运作程序的分类分析

土地收购储备制度被形象地概括为"三个一"，即一个渠道进水（政府统一征用、收购和回收十地），一个池子蓄水（政府统一储备土地），一个龙头放水（政府统一供地）。作为制度创新和方法创新的土地收购储备制度，其在土地集约利用、土地使用制度改革、土地市场宏观调控、消化闲置土地、地价管理等各项工作中已经成为不可或缺的手段。我国的土地储备一般运作程序大致由土地收购、土地储备、土地供应三个环节构成。土地收购是指根据政府授权和土地储备计划，土地储备中心购买或收回市区范围内国有土地使用权的活动；土地储备是指对进入土地储备体系的土地，在出让给新的土地使用单位以前由土地储备中心负责组织前期开发和经营管理的活动；土地供应是指根据城市建设用地的需要，政府将那些经过一段时间的储备，并已完成前期开发的熟地，分期分批推向市场的活动。本书对土地收购、土地储备以及土地供应这三个程序进行了分类分析，分别对各个程序的现状进行了阐述，揭示了各个运作程序中存在的问题，并针对各类问题进行了详细的理论分析，最后得出解决各类问题的可行性的建议和意见。

1.2.4　拟构造一系列博弈模型

在土地收购储备过程中，利益集团中有农村集体、各级政府、土地储备中心、开发商等，各利益集团之间的关系是比较复杂的。利益集团之间有的是平等地位的关系，有的是不平等地位的关系，有的是对立的、竞争的关系，有的是委托代理的关系。就土地储备运行过程而言，在可获得利益的驱使下，各个利益群体力图实现自身利益的最大化，于是各个利益群体之间存在着利益竞争。本书通过构造关于各利益集团或各行为主体间的互动机理的一系列博弈模型，辅之以经济分析，找出优化各行为主体预期行为的最优均衡。本书运用博弈论对土地储备运行全过程进行分析。对处于经济转型时期的我国的土地储备来讲，加快土地储备制度改革、强化对土地管理风险与收益的揭示功能、建立信息披露主体的约束机制应成为我们的首选。其中，使进行非均衡交易的土地储备参与者在进行交易时所受到的预期惩罚要大于其预期收益将是土地储备关键。

1.2.5 尝试进行土地收购储备中激励机制模型的设计

土地储备实施过程涉及上下级政府这样不同的利益群体，它们之间存在着利益的竞争，因此经常出现的一个问题是经费不能保证，个别地方政府为了自己的经济利益而挪用经费。为了解决这一问题，本书利用博弈论中的委托代理理论构造了激励模型，并以此进行分析。本书主要运用了离散激励、连续激励以及相对业绩比较这三个模型进行分析，并通过连续在土地收购储备的运行过程中正确进行激励机制的建设，以保证土地收购储备运行机制的良性运转。在离散激励模型中，本书主要讨论了下级挪用或不挪用经费两种情况。对具有连续努力选择的情况，本书采用了连续激励机制模型。对应的实际问题就是下级挪用经费是一个连续变量，既可能全部挪用，也可能部分挪用或完全不挪用。代理人个人的绩效即使是可证实的，也可能是对代理人努力程度的扭曲的衡量。通过把代理人的绩效与在类似条件下的其他代理人的绩效进行比较，在一定程度上可以了解代理人的努力情况，我们所讨论的在土地储备过程中的经费挪用问题就可以用相对业绩比较方法处理。土地储备资本的高低不仅与经费的多少有关，还与某些其他因素有关，这就可以采用相对业绩比较法则。上级在确定下级是否挪用了经费这个问题时，既要根据这个下级的土地储备资本的产出判断，又要根据情况类似的其他下级的土地储备资本的产出判断，这样可以使上级的决策更加合理。可以看出，激励机制的三种模型的合理运用为解决地方政府挪用经费问题提供了有效的理论基础。

1.2.6 拟设计土地收购储备机制中的约束制度

随着我国土地管理体制改革的深化和土地市场自主权的扩大，在土地收购储备过程中道德风险问题和逆向选择问题更趋复杂，土地收购储备过程中的机会主义行为大量存在，土地收购储备的监督成本和监督难度也大大增加。土地问题不仅关系我国经济社会的可持续发展，也关系亿万农民的切身利益。运用土地政策参与宏观调控，建立有利于控制土地供应总量、供应速度、用地结构和区别对待的调控机制，需要建立与之相适应的制度和体制保障。因此，我们建立了土地收购储备运行过程中的制度约束机制，从建立法律制度、监督制度、管理制度等方面来解决土地收购储备过程中的信息不对称问题，使土地市场高效运行。进行土地收购储备运行过程中的制度约束机制设计，有利于保证国家宏观调控政策的有效实施；有利于各地在统一的土地政策下依法有序地管理和利用土地，确保土地管理法律法规有效实施；有利于保证省级人民政府有效履行土地管理职责。因此，要实现土地储备信息高效传递，需要从机制设计上加以重视，用制度来约束各方的行为。

1.3 研究的主要方法与创新之处

1.3.1 研究的主要方法

1.3.1.1 理论联系实际的方法

从实际出发，理论联系实际是经济学研究的基本前提和基本方法。本书的研究以信息经济学理论为出发点，结合我国的基本国情、基本社会制度以及近年来土地市场发展的实践，系统分析了我国土地市场运行的特点、原因，提出信息不对称条件下土地市场宏观调控的措施和手段。本书的研究目的不仅要在总结实际经验的基础上不断丰富、发展和完善土地管理的内容，还要不断用发展的理论指导我国土地储备的实际工作。

1.3.1.2 博弈论分析方法

博弈论分析方法重视对信息的研究，特别是信息不对称对个体选择及制度安排的影响，而信息经济学可视为非对称信息博弈论。因此，按照博弈论研究方法，本书通过构造在信息不对称约束下的各利益集团或各行为主体间的互动机理的一系列博弈模型，在进行预测和分析的基础上，找出优化各行为主体预期行为的最优均衡，最终为我国土地储备监管的政策规范设计提供基于这种博弈理论均衡分析的参考依据和理论基础。研究的具体目标是获得各类博弈模型的纳什均衡，设计实现最优均衡的过程、机制、政策环境和政府干预的政策通道。

1.3.1.3 规范的理论分析与定性分析相结合的研究方法

在各个层面上各有侧重，能够实现方法上的创新。在理论模型上，本书对在信息不对称约束下的土地储备运行过程的整个链条（土地收购过程、土地储备机构内部、土地储备供应过程）进行分析及进行激励机制模型分析。定性分析是对事物规定性的分析，在研究土地市场运行的问题时，通过定性分析从中找出市场运行的本质及内在的必然联系，揭示其发展规律。

1.3.1.4　制度经济学研究方法

本书运用新制度经济学的前沿理论，包括产权理论、激励机制模型分析等，对我国土地储备的激励约束机制和制度改革进行较为全面、深入的分析。在此基础上，本书提出适合现阶段我国土地储备实际水平和未来发展趋势的对策建议。

1.3.2　创新之处

1.3.2.1　科学选择了土地收购储备的运行机制的模式

建立城市土地储备的运行机制，首先必须明确其运行主体的性质及职能。城市土地的收购、储备、供应是政府行为，但又不同于政府对土地的管理职能。我国土地储备是一项复杂的工程，因此应建立政府授权和监督下的城市土地储备经营公司来运作城市土地的储备事宜，并在协调规划等部门的基础上，制订用地计划。本书的创新之处在于深入研究了土地收购储备的运行机制和运作程序之后，科学地选择了土地收购储备机制的运行模式，即政府授权和监督下的土地储备经营公司。政府成立专门的土地收购储备委员会，该委员会负责各相关部门的协调工作，并在协调规划等部门的基础上，制订用地计划。城市土地储备经营公司在政府的监督下，一方面严格执行城市政府的土地收购、储备和供应计划；另一方面又借助市场来实现城市土地储备计划，以促进城市土地市场的健康高效运作。

1.3.2.2　土地收购储备运行过程中的博弈分析

本书对土地收购储备运行过程中的收益适时地运用了博弈分析。在土地收购储备的运行机制中，存在着明显的寻租现象。在土地收购环节中，个别地方政府片面追求"以地生财"，几乎一切征地项目都搭公共利益的"便车"，随意出让、批租国有土地。一些开发区"圈而不用""储而不用"，真正的工业企业又征不到地，影响了企业的再发展。在土地储备过程中，城市政府在土地资源配置和土地利益分配问题上，有强烈的追求地方经济利益的趋向。当中央政府利益与地方政府利益有冲突时，地方政府必然要竭力维护地方利益，从而导致地方政府与中央政府之间的寻租行为出现。在土地供应过程中，这种寻租行为表现在政府与开发商的博弈上，其焦点体现在政府对开发商的授权上。

针对中央政府和地方政府的博弈分析，中央政府最终会倾向于采取降低土地出让金征收比例的行动，而地方政府则会采取降低缴纳比例的行动，这是一个在只有四个策略组合存在的情况下可能存在的博弈均衡，均衡结果是中央政府和地方政府在土地出让金收益分配上确定一个倾向于地方政府的分配比例。不同届地方政府之间的征地博弈分析是两个参与人在不同时间的博弈，参与人的策略在行动顺序上不能调整。本书的主要目的是分析考察每两届政府之间的行动策略影响。关于政府与开发商的博弈分析，在土地市场上，政府与开发商的博弈焦点体现在对开发商的授权上，由于此种授权在某种程度上可以实现经济利益的低成本或零成本（不通过开发项目而只是由征地安置费用的不合理分配获取利益，被征地农民的利益相应受到损害），因此获取这种授权就成了开发商在与政府博弈中的现实目标。

1.3.2.3 提出并分析了土地收购储备过程中的制度约束

本书的创新之处还体现在以制度经济学为基础，结合土地市场，深入分析中国土地收购储备机制运行过程中的制度约束。在土地收购储备过程中的制度约束主要分为以下几个方面：一是土地储备中的法律制度约束。其包括提高土地储备中的财政透明度和加强立法机构对政府部门的立法监督。在土地储备的过程中，信息是不完全且不对称的，政府拥有信息优势，而这就造成下游代理人的机会主义行为。立法机构对政府部门的制度约束主要是从信息披露的角度出发，也可以说是从财政透明度的角度来分析的。二是土地储备中的监督制度约束。土地储备执行过程中制度约束的对象主要是财政资金使用单位和财政部门，尤其是财政资金使用单位。制度的制定由各自的委托人和立法机构负责。监督制度在土地储备执行过程中能起到约束代理人的作用。三是土地储备中的管理制度约束。在土地储备的执行、决算阶段，除了监督制度外，还应该有其他的制度来约束代理人，从而控制代理人的机会主义行为。依靠监督是不能完全消除代理人的违规行为的，还应该有其他制度辅助，包括责任制度、自由裁量权制度、土地储备过程中的信息公开、建立健全土地收购储备制度和优化土地储备机构等管理制度。同样不容忽视的是土地储备中的政策约束。2008年年初，国务院发布《国务院关于促进节约集约用地的通知》，要求强化农村土地管理，稳步推进农村集体建设用地节约集约利用，严格禁止擅自将农用地转为建设用地，严格禁止"以租代征"将农用地转为非农业用地。中央要求要在坚持尊重农民意愿、保障农民权益的原则下，依法盘活利用农村集体建设用地；按规划稳妥开展农村集体建设用地整理，改善农民生产、生活条件。与此同时，针对一些地方存在违反农村集体建设用地管理法律和政策规定，如将农用地转为建设用地、非法批准建设用地行为呈现蔓延上升之势，国务院办公厅发布《国务院办公厅关于严格执行有关农村集体建设用地法律和政策的通知》，要求坚决遏制并依法纠正乱占农用地进行非农业建设的行为。近年来，党中央、国务院连续下发严格土地管理、加强土地调控的政策文件，有力地促进了各地区、各部门贯彻落实科学发展观，坚决执行宏观调控政策。

2 土地储备运行机制与运作程序概述

目前,土地储备制度已成为我国许多地方政府调控土地市场的重要手段。政府通过制订和实施土地储备计划来干预土地市场,使之向政府预期的方向发展。这一制度在实际运作中出现了多种模式、多种运作方法,实施的效果也有明显的不同。

2.1 土地储备运行机制概述

1996 年,上海市成立了我国第一家土地收购储备机构——上海市土地发展中心。紧接着,杭州市于 1997 年 8 月成立了杭州市土地储备中心。1999 年,杭州市土地储备制度建设的成果和经验在全国集约用地市长研讨班上推广,得到了各地政府和土地管理部门的推崇。随后,我国的土地储备机构在南通市、青岛市、武汉市等城市纷纷成立。2001 年 4 月 30 日,国务院发布的《国务院关于加强国有土地资产管理的通知》指出,为增强政府对土地市场的调控能力,有条件的地方政府要对建设用地试行收购储备制度。这样,土地储备制度的创新成了我国国有土地有偿使用制度改革的又一重要事件。

土地收购储备制度是近年来城市土地使用制度的一项创新,也是房地产领域的一个特点。目前,在杭州市、上海市、青岛市、南通市、绍兴市、珠海市等城市都已建立了城市土地储备制度,并在许多方面产生了积极的效果。

2.1.1 土地收购储备的概念

在国内,关于土地收购储备的定义,各地的提法并不完全一致,其中比较有代表性的有如下几种：一种是杭州市人民政府 1999 年 3 月发布的第 137 号令《杭州市土地储备实施办法》认为，土地储备是指土地储备机构依据规定，将需盘活的土地收回、收购予以储存，并通过前期开发利用和受政府委托予以出让等形式，盘活存量土地资产的行为。另一种是青岛市人民政府 1999 年 7 月 29 日发布的第 160 号文《青岛市关于建立土地储备制度的通知》认为，土地储备制度是政府依照法定程序，运用市场机制，按照土地利用总体规划和城市规划，对通过收购、收回、置换和征用等方式取得的土地进行前期开发，并予以储存，以供应和调控城市各类建设用地需求的一种经营管理制度。

还有一些管理学专家认为，土地储备是指土地储备机构通过收回、收购、置换、征用等各种方法取得大规模的土地，并进行储存，待开发整理后在适当的时机以一定的方式释出，以供应和调控城市各类建设用地需求等一系列行为的总称。

考察近年来我国土地储备实施的实际情况，各地的提法和做法虽略有不同，但可以肯定地说，这是一种土地制度，而且是一种土地制度的创新。

综合各地的经验，我们认为，土地收购储备是指城市土地收购储备中心通过征用、收购、置换、转制、收回等方式，从分散的土地使用者手中把土地集中起来，并由土地收购储备中心组织进行职工和居民的安置、房屋拆迁、土地平整等一系列土地整理工作后，将土地储备起来，再根据城市规划和城市土地出让年度计划，有计划地将土地投入市场的制度。其主要目标是通过政府垄断土地一级市场供应，增强政府对土地市场的调控能力，防止土地收益流失，规范市场秩序。

2.1.2 土地收购储备机制建立的背景

我国城市土地归国家所有，通过实行土地有偿和有期限使用，形成土地市场。在这种土地制度框架下，国家是唯一的土地所有者，国有土地使用权出让和出租形成垄断性的城市土地一级市场。从国家取得的合法土地使用权在合同规定的范围内可以进入市场流通，进行转让和转租，形成竞争性的土地二级市场。

但是，由于过去长期实行土地无偿、无期限划拨使用制度，大量城市存量土地的产权不明、管理制度不完善，城市政府一直未能实现对城市土地一级市场的垄断供应，许多单位和企业绕开政府私自进行土地出租和转让，既造成了国有资产的流失，又导致市场价格信号失真，"炒卖地皮"的现象时有发生，扰乱了房地产市场秩序，给城市规划和城市管理带来很大困难。对已经纳入有偿使用的土地供应，多数土地采用了协议出让方式，致使出让价格偏低，个别政府官员寻租现象严重。因此，在开启城市土地使用制度改革的大门以后，如何规范和有效管理土地市场就成了政府迫切需要解决的问题。在这种背景下，城市土地储备制度作为一种制度创新应运而生。

一段时期以来，土地收购储备制度建设成为各地政府和土地管理部门探索盘活存量土地、转变土地利用方式的热点工作。这一现象的出现不是偶然的，是我国经济体制改革、土地使用制度改革和土地管理改革深化的必然结果，具有深刻的历史和现实背景。

2.1.2.1 土地收购储备制度符合中央关于土地改革中的土地制度创新的要求

在我国特殊的土地国情下，靠牺牲耕地资源、通过增量的投入取得资金的"以地生财"的道路是走不通的，土地承包经营权流转实际上对农民具有类似社保的作用。随着城市化和工业化进程的加快，一部分农业剩余劳动力将向城市非农领域转移，城市往往难以很好地解决进城务工农民的社保问题，农业适度规模经营下依靠土地承包经营权流转取得的收益将成为进城务工农民的社会保障。

中央提出了允许以多种形式流转土地承包经营权。广东省积极探索农村建设用地上市流转。武汉市"两型社会"建设更是提出了土地向优势产业流转，农民以地为股，经集体转让获得稳定的租赁收益。重庆市、成都市在城乡统筹时，采取了以土地承包经营权入股，将农业用地集中到龙头企业和种植养殖大户手中，实现土地的集约化经营。农业用地改为城市用地，对征地动迁的农民采取"现金补偿+股份补偿"的方式。政府集中配置宅基地等非农用地资源，把更多的非农用地释放出来。

2.1.2.2 土地收购储备制度是地方政府为促进城市土地集约利用而进行的积极探索

长期以来，我国实行计划经济体制，土地管理和利用方式与经济体制和经济增长方式相适应也是粗放的。党的十四届五中全会提出两个具有全局意义的根本转变（一是经济体制从传统的计划经济体制向社会主义市场经济体制转变，二是经济增长方式从粗放型向集约型转变），其目的就是优化资源配置，实现土地资源的合理利用。原国家土地管理局据此提出了耕地总量动态平衡目标，提出了土地管理方式要逐步从与计划经济体制相适应向与市场经济相适应转变，土地利用方式要逐步实现从粗放型向集约型转变。在这些方针的指导下，地方政府和土地管理部门加大了对各类存量土地挖潜的工作力度。其具体表现在农村通过开展治理"空心村"工作，探索利用农村存量土地的新路子；在城市开展旧城改造、国企改革土地资产处置和消化闲置土地的工作，探索利用城市存量土地新路子。在探索过程中，上海市等根据现实的需要，在借鉴国外经验的基础上，摸索出土地收购储备制度。

2.1.2.3　土地收购储备制度是地方政府顺应我国土地制度和市场基本规律而进行的政府和市场有效结合配置土地资源的制度创新

改革开放以来，土地有偿使用制度的建立和其他要素市场的发展极大地推动了我国土地市场和房地产市场的发展，但由于经验不足和制度上的不完善，这两个市场也出现过总量失衡和投机现象，为此，国务院在 1992年 11 月下发了《国务院关于发展房地产业若干问题的通知》，在强调深化土地使用制度改革的同时，强调了出让土地使用权集中统一管理等问题。

1993 年 6 月，中央开始加强宏观调控，其中加强房地产市场的宏观管理是一项重要内容。1995 年 1 月，《中华人民共和国城市房地产管理法》开始实施，对出让土地使用权做了法律上的规范。所有这些措施的目的只有一个，就是培育和发展土地要素市场，充分发挥市场机制配置土地资源的基础性作用。这些措施为过热的土地市场和房地产市场降温起到了明显的积极作用，为 1996 年中国经济实现"软着陆"做出了贡献。

宏观调控之后，过热的土地市场和房地产市场所遗留的问题是较为严重的，大量耕地被占用，174 万亩的土地闲置和数千万平方米的商品房空置，这使得各级政府开始思索采取什么样的措施防止出现新的过热。中央要求加强总量控制，实行用途管制，出台了新修订的《中华人民共和国土地管理法》。一些地方政府开始学习上海市的经验，进行土地收购储备制度的探索。

2.1.2.4　土地收购储备制度是中央政策法规实施的必然结果

土地收购储备制度建设之所以成为土地管理制度建设的热点，关键在于中央采取了严格的耕地保护措施，限制了耕地转为建设用地的总量。1997年 4 月，中共中央、国务院下发了《中共中央 国务院关于进一步加强管理切实保护耕地的通知》（以下简称"中央 11 号文"），要求冻结非农建设占用耕地一年，后经国务院批准，延续到 1998 年年底。这次冻结对我国土地利用方式的影响是深远的，地方为解决冻结期间建设用地需求问题，加大了对闲置土地和其他存量土地的利用与管理力度。在土地供给短缺的地方，收购储备土地成为增加土地供给的必由之路。1999 年，修订后新的《中华人民共和国土地管理法》开始实施，对新增建设用地进行严格的总量控制、用途管制、占补平衡和征收土地有偿使用费。中央的措施不仅使新增建设用地的数量大为减少，而且占用耕地的成本有了较大提高，同时新法将利用存量土地的权利和收益放在地方，这使得利用存量土地成为增加建设用地供给和财政收入的唯一出路。

由于利用存量土地涉及众多土地使用人重大利益调整，很多现实问题，如安置补偿、债权债务清理甚至将来土地收益分配等需要解决。这些问题单靠行政命令是不可能解决的，只有靠市场手段和行政手段相结合才能解决。土地收购储备制度就是两种手段相结合的产物。一方面，土地收购储备制度要求某些类别的土地必须进入土地储备库；另一方面，进入土地储备库的大部分土地按市场价格予以补偿。

2.1.2.5 土地收购储备制度是国有企业改革中解决困难企业和破产企业问题的重要途径

土地是困难企业和破产企业剩余的最大资产。困难企业的脱困、再生和发展，破产企业的人员安置对土地资产变现有很强的依赖性。中央提出，非上市企业经批准，可将国家划拨给企业的土地使用权有偿转让，即企业资产变现，其所得用于增资减债或结构调整。在现实中，困难企业和破产企业土地资产变现存在很多困难。首先，土地转让必须要有买主，在土地市场和房地产市场不景气时，土地转让就非常困难。其次，非专业、不开发、急卖的土地在市场中很难取得一个较好的价位，这是一个现实问题，而困难企业和破产企业对资金的需求是迫在眉睫的，靠土地远期转让所得资金解决不了现实需求。这些企业的问题同时也是政府的问题，政府从政治的角度考虑，无论如何也要筹得一笔资金安置企业职工的生活，在财政没钱且政府不能向银行贷款，商业银行通常又不给这些企业贷款的情况下，必须寻找一个中介，以土地作为抵押物向银行取得贷款来解决企业和政府的问题，土地收购储备机构正好扮演了这个中介的角色。不仅如此，土地收购储备还克服了企业转让土地面临的诸多问题。第一，储备意味着可以等待，转让不出去的土地可以等待时机。第二，土地储备机构是专业化的事业单位，机构要对储备土地进行开发，加上等待和其他因素，进入储备机构的土地在出让时可以取得较好的价位。因此，支持国有企业改革是地方政府成立土地收购储备机构的一个重要动机。

2.1.2.6 建立土地收购储备制度的现实需求

推行招标拍卖出让土地，要求政府手中有地。处置闲置土地要求对收回的土地要有人管理，构成了建立土地收购储备制度的现实需求。

自 1998 年国土资源部成立以来，国家加大了以招标拍卖方式出让土地的力度，地方政府和土地管理部门从建立公开、公平、公正的土地市场的角度和反腐倡廉的角度，也大力推行招标拍卖方式出让土地。招标拍卖土地的先决条件是政府手中要有土地，政府要垄断土地出让市场。较长一段时间以来，由于不具备这两个条件，招标拍卖的推行受到了极大的限制。地方政府在推行土地招标拍卖的过程中，为了手中有地，推动了土地收购储备制度的建设，而垄断土地供应市场，又促进了土地收购储备制度的发展。

消化和处置闲置土地也是建立土地收购储备制度的重要原因。在消化闲置土地中，对由企业导致的闲置两年以上的土地，政府可以无偿收回。在闲置土地较多的地方，市、县政府或多或少收回了一些土地。如何管理收回的土地，成为政府及土地管理部门需要思考的一个问题。在很多地方，储备土地成为最优的解决方案。对不能无偿收回的闲置土地，各地设想了许多方法，但最好的解决方案是政府有偿收回，重新安排使用。因此，收购这些土地成为建立土地收购储备制度的一个动机。

2.1.3　土地收购储备机制建立的意义

所谓土地储备，是指城市政府依照法律程序，运用市场机制，按照土地利用总体规划和城市规划，对通过收回、收购、置换、征用等方法取得的土地进行前期开发、整理，并予以储存，以供应和调控城市各类建设用地的需求，确保政府切实垄断土地一级市场的行为。在国外，这种土地储备机制较为普遍流行。城市一切活动都依赖于土地，土地供给具有稀缺性，城市外延式供给是极其有限的。因此，只有相当数量的土地资源、资产集中在政府的储备库，进行城市土地优化配置，才能形成一个土地利用布局适当、土地综合利用合理以及综合利用效率最高的模式。

土地储备制度是城市土地制度改革的一项重大措施，也是房地产领域改革的一个热点。这一现象的出现是我国经济体制改革、土地使用制度改革和土地管理改革深化的必然结果，具有深刻的历史和现实背景。

2001 年，国务院下发了《国务院关于加强国有土地资产管理的通知》。2002 年 5 月，国土资源部发布了《招标拍卖挂牌出让国有土地使用权规定》。按照国务院关于"有条件的地方要试行土地收购储备制度"的要求和国土资源部"拟用商业的土地必须通过拍卖或公开招标的方式出售"的规定，全国 250 多个城市开始陆续推行土地收购储备制度，各地结合本地实际情况陆续建立了相应的土地收购储备机构——土地储备中心。土地储备中心负责对土地实行统一收购、统一储备、统一规划、统一开发、统一供应，严格控制供地总量。

从根本上讲，经营城市就是经营城市土地。因此，进行城市土地储备是经营城市的必由之路。进行城市土地储备的意义具体表现在以下几个方面：

2.1.3.1 土地储备有利于城市规划的有效实施

企业盘活的土地一律由土地储备中心收购，企业不能自行招商，减少了土地招商过程中为顾及企业的困难而影响规划的实施这一弊端，减轻了政府在这方面的压力。同时，实行土地净地出让后，公建配套由政府统一负责实施，更能保证规划的有效实施。例如，杭州某厂使用的土地根据城市规划为公益事业用地，而该厂已濒临破产，急需资金周转。由于受规划条件限制，其难以找到开发单位。土地储备中心建立后，急企业之所急，一次性出资1 800多万元，收购厂区56亩（1亩约等于666.67平方米，下同）土地交给政府建造社会福利中心。这样既解决了企业的燃眉之急，又为政府解决了社会福利中心选址的难题，同时使规划也能顺理成章地实施。

2.1.3.2 土地储备有利于盘活土地资产和改造城市旧城

长期以来，在旧城改造中，"以房带路""以地生财"的做法比较普遍，一些地方政府将土地低价甚至无偿划给开发商，由其对配套的道路等设施进行改造。这种做法有利于较快地推进旧城改造，但其弊端也十分明显，集中表现为土地回报率高的地方被率先开发，但政府拿不到土地出让收益；改造难度大的地方旧城面貌依旧，"硬骨头"只有等政府来"啃"。土地储备则是一条既能实现城市综合开发和提高城市土地利用率，又能增强政府宏观调控能力并增加土地收益的新路。建立土地储备体系后，政府可以尝试运用土地储备制度推动旧城区的土地统一成片开发。例如，2001年9月，武汉市按照"统一规划控制、统一拆迁收购、统一市政配套、统一招商供地"的思路，融资近亿元，启动新华西路1 100米沿线675亩旧城区成片改造。整个工程拆迁居民房屋16万余平方米，收购22家企事业单位土地465亩，沿线实施配套建设和环境综合整治。工程完工后，该地区面貌大为改观。实践证明，构建土地储备制度体系，有利于城市总体规划落实到位，更有利于推动城市的旧城改造。

2.1.3.3 土地储备有利于企业脱困改制和结构调整

过去，国有企业为盘活厂内土地而自行开发或招商，由此带来土地产权交易不规范，国有土地使用权收益严重流失，甚至腐败现象也偶有发生，特别是部分企业所处位置不适合搞经营性开发，盘活土地资产的难度更大。这些问题的存在阻碍了企业的改革进程。如果实行土地统一整治储备，企业应得的土地补偿费可以及时足额到位，而这些资金的投入，将有效促进国有企业的产业结构优化，推进企业改制步伐。企业改制和结构调整过程中需要盘活的存量土地由土地储备中心统一收购，不但避免了企业直接找开发商来盘活土地时所发生的各种矛盾和纠纷，更重要的是，由于土地储备中心收购土地是政府行为，能保证土地补偿费的及时到位，以满足企业在进行改制和产业结构调整中的资金需求。特别是对一些地段不够理想、急需盘活土地的困难企业，土地储备中心可以根据政府意见筹措资金，积极帮助企业解决困难，使企业职工得到妥善安置，既可以有效地维护社会安定，又能够保证企业的顺利运转。

2.1.3.4 土地储备有利于积累城市建设资金

土地的统一收购理顺了政府和企业之间的利益分配关系，减少了国有资产的隐性流失，增加了政府的土地收益，拓宽了财政收入渠道。政府将土地收购后，经过前期开发，使生地、毛地具有房地产建设的各项基础条件，降低了房地产成本，也减少了房地产开发中的不确定因素，必然会推进土地招标拍卖工作，并促使土地收益实现最大化。土地进行前期开发后由政府储备起来，再进行招标拍卖，必定会带来土地的增值，从而增加政府的土地收益，从而积累一部分城市建设资金。

2.1.3.5 土地储备有利于政府宏观调控能力的增强

土地收购储备机制建立后，政府通过抓"土地收购权"和"土地批发权"，抓"土地"和"资金"两个要素，加强了对市区土地供应和土地盘活资金的调控能力，既保证了企业土地盘活资金的合理使用，使之真正用于企业解困和技术改造，又增加了政府对土地供应的主动权和计划性，为促进社会经济的协调发展创造了条件。

2.1.3.6 土地储备有利于土地管理部门职能真正落实到位

建立土地收购储备机制后，由土地储备中心开展土地收购储备工作，市区凡需要盘活的土地一开始就统一纳入土地储备中心运作，从土地的收购到土地的前期开发和拆迁安置，再到土地储备、土地出让、土地资金运作等，土地管理部门对建设用地的管理从"源头"就能进入角色，实现审批前、审批中、审批后的全程管理，改变了原先建设用地项目审批"过过手"的被动局面，为土地管理部门管理职能的真正落实到位打下了基础。

2.1.3.7　土地储备有利于改善土地供应的方式和手段，优化房地产市场的投资环境

通过各种途径进入"土地储备库"的土地，土地储备中心必须有计划地做好供应土地的前期开发工作，使生地、毛地变为"熟地"。出让与现行的国际惯例一致，减少开发商对前期开发的忧虑，缩短开发周期，必然会受到欢迎。同时"熟地"出让时，各种技术参数明确，各种条件具备，有利于招标拍卖方式的推行。从根本上减少协议批租方式出让土地，将有利于土地使用制度改革的深化，规范土地交易行为和土地的统一管理，既能有效遏止土地的非法炒卖和隐蔽交易，防止国有土地资产的流失，又能体现土地一级市场的公开、公平、公正竞争的准则，创造良好的投资环境，促进房地产市场的健康发展。

2.1.3.8　土地储备有利于土地资源的集约利用

土地是一种稀缺的资源和资产。城市土地的外延供给是极其有限的，因此土地资源的集约利用的基本着眼点是盘活存量土地，进行城市土地的优化配置，形成一个土地利用空间布局适当、土地使用结构合理、土地综合利用效率最高的模式。这样的模式在土地使用权无约束的分散状态下是不可能实现的，而只有在相当数量的土地资产、资源集中在政府储备库的时候，才有可能实现。集约化用地对节约利用耕地、国有土地资产保值增值有着极其重要的意义。

2.1.3.9　土地储备有利于从长远利益着眼，实现城市总体规划

新的土地供应机制可以实现土地供给与城市规划一致，使"弹性"过大的城市规划增强"刚性"。土地收购储备和出让的计划都可以与城市规划衔接，对违反城市规划使用的土地可以通过"收购"的方法使之进入储备库。由储备库统一出让的土地，在出让时就根据城市规划明确其使用性质和各项规划参数。例如，深圳市根据"法定图则"出让土地，以法的形式明确土地开发范围、用途、容积率等要求。在这一机制下，政府可以依据城市土地利用总体规划，将有限的城市土地合理配置，形成最优的城市土地利用结构和布局。

通过土地储备机制，政府把暂时不用的或结构不合理的土地收到政府手中，再根据市场的变化和用地的需求情况，有计划地把储备的土地释放出去，实现对土地市场的有效调控。因此，建立土地储备制度既可以促进土地集约利用、消化闲置土地，又可以贯彻保护耕地的基本国策，对合理使用土地、提高土地利用效率等具有十分重要的现实意义。

2.2 国内外土地储备机制

2.2.1 国际经验给我国建立城市土地储备机制的启示

2.2.1.1 美国城市土地利用与规划启示

第一，政府必须不断加强对城市土地的宏观调控。

美国最早的城市用地法规出台于 1967 年，真正的城市规划工作则到 20 世纪初才开始，其里程碑是 1909 年的芝加哥总体规划。其动机一是为了用城市建设来炫耀文明程度，同时促进城市经济的发展；二是试图以政府有限的介入协调对土地资源的使用，控制土地投资等资本主义市场经济的自发倾向。在资本主义市场经济下，各种社会势力力求控制资源与谋取利润，城市土地作为有限的重要资源，成为各利益集团争夺的对象。土地投机、用地混乱、只顾个别企业的眼前利益而置全体市民的长期利益于不顾等弊病，迫使政府加以干预，于是城市规划管理部门作为政府职能部门应运而生。土地资源和别的资源不同，土地不可再生，且一旦投资开发，确定了用途，再改变用途十分困难。因此，尽管资本主义市场经济的大多数资源靠市场来分配，土地资源的使用却有一定程度的政府干预。这种公共干预就如同经济上的凯恩斯主义一样，是想借助政府干预来解决传统市场经济的顽疾。当代美国城市规划的社会功能体现得特别明显：一是通过经济规划，指导经济稳定增长，为经济发展服务。二是通过用地规划，在土地使用上保护公共利益，协调利益冲突，防止市场自发追求高利润而在用地上影响公共或其他个人的利益。具体做法是编制城市用地规划，制定规划法、区划法、防止污染法等政府法规。三是提供各种公共服务，尤其是在私人投资无意经营领域内的公共服务，如公共交通、公路桥梁、污水处理以及城市防火。四是以税收收入提供公共补贴，以资助有利于全体市民的建设项目，如污染工业搬迁、污染水体治理等。五是调节社会分配，为市场经济中的弱势群体（如低收入家庭、失业人员、老弱病残者）提供公共补贴，以缓和两极分化。具体做法有提供政府公共住宅、提供就业辅导、扶助城市衰退区内的企业等。

纵观上述资本主义市场经济下的城市规划的五大社会功能，其最基本的工作内容是"公共事务"，最主要的服务对象是"全体市民"，最基本的出发点是"保护全体市民的长期利益"，这种社会功能无疑是政府部门的基本职能。

因此，其给人们的启示是：如同社会主义市场经济仍需一定的政府宏观调控来保证经济的正常发展一样，城市土地也需要政府的宏观调控来保证其合理使用。这种对城市土地的宏观调控就是当今城市规划工作的主要社会功能，也是城市土地利用管理的主要目标。

第二，城市用地信息应公开透明并辅以公示协商制度。

城市土地利用规划制度既要防止政府做出不公正的限制，阻碍、减缓土地市场的发展，又要杜绝房地产商从公众或政府那里索取过多的经济利益。为此，城市土地利用法则在促进房地产市场有效发展、兼顾达到社会共同目标的要求下不断进行调节，并赋予城市规划工作以某些权利。在城市特别是大城市中多方利益集团发生矛盾时，政府必须注重平衡机会均等、提高效率和其他诸因素，这需要公开透明的用地制度作保证。

这种土地利用制度对政府和投资者都必须提供可预测的、灵活的和充分的信息。

可预测性：土地利用法则促进了土地资源的有效利用，而土地利用应确保可预测性，最主要的是法律保障投资者不会因政府方面未事先通知而任意改变土地的开发途径。该法则要求土地利用只有在公开讨论后才能够执行，这可以防止滥用权力、任人唯亲等公众难以防止的事情出现。如果政府方面撤销许可证或许可证形同虚设，政府方面应对许可证持有者偿还损失。同时，如果有新的开发目标应写得一清二楚，如果投资者已经达到了这个标准，政府就不能允许在附近地区开发不合乎这些目标的项目或建造质量较差的房屋来降低该地区的质量。

灵活性：美国法律允许各种土地利用规章具有灵活性。大多数土地利用规章是由市级或县级政府所定，即让最了解当地情况的人去做决策，在法律中对变动、例外或特殊情况都有明确的规定。只要有足够充分的理由，让投资者与当地政府实事求是地逐条进行协商，那些制约发展的条款是可以修改的，这种法律制度是能够适应土地利用情况、保障投资者利益的。

信息充分：一个好的土地利用法律体系之所以能够改善投资环境，是因为它能给投资者提供信息，以便于投资者做出抉择。例如，区划法已清楚说明建筑高度只限于10米之内，则愿意建造高于10米的住房的投资者自然会趋向于另择场地。又如，开发费法中规定，如果投资者将住房建得远离下水道，则必须双倍收费，投资者自然会权衡花了那么多钱是否合算。只要规章制度收费标准写清楚，并公之于众，投资者就可以对工程计划的基本情况进行摸底并节省许多资金和时间去选址。政府也可以根据准确的信息，保护公众免受开发时期社会和环境方面的损失。

第三，城市土地管理必须进行分区控制和编制地块使用规则。

在美国，土地利用规划与控制是地方政府的责任。1916年，纽约市颁布了第一项综合区划法令来控制土地的使用、建筑的高度与容积率。1922年，美国商业部认为土地控制对商业发展有益，因此颁布了标准州区划实行法案，此法案规定州政府可以授权给市政府同等权力。由于经过不断修订和补充，美国形成了一套系统而完整的区划规定，并发挥着良好的作用。这套规定是规划、设计、开发、管理必须遵守的法定条例。它具有以下几个方面的明显特点：一是它将土地用途与开发强度的区划、建设标准以及相关规定结合在一起，使用权编制与实施规划过程中必须遵守的事项有机地联结在一起，既有利于执行，又方便使用。二是用地区划覆盖全市，全市按限制性用地号、区划图号、街区号和地块号四个层次组成编号系列，在全覆盖的前提下又按不同地理位置和不同开发状况予以区别对待。三是在严格的控制之中，留有机动灵活的余地，表现在以适应市场的变化和一些不可预见的因素对土地使用和开发强度的冲击，并随发展变化而不断补充和修订。四是按照发展的需要及势头，及时划出"特殊目的区"进行专门区划。这是既防止出现空白而对开发失控，又配合新情况而采取的应变手段之一。五是用地功能中每类特殊目的区内专门对"非道路停车"的安排做出规定，充分显示出汽车社会中对静态交通的实实在在的处理。城市设计导则被列为必备的内容编制在区划中，其中环境景观和公共空间（如广场）作为重点。六是提出决议、审批决议以及处理变更申请的其他申诉等事宜，分别由两个机构负责：一个是城市规划委员会，由社会各界及专业代表组成；另一个是城市规划理事会，有权审定区划及有关规定，是更高一级的审批机构。日常规划管理事务由规划署办理。可以说，这种组织手段是颇为严密的。显然，城市土地精心规划是合理利用的前提条件。

2.2.1.2 英国城市土地利用与规划启示

第一，民主监督制度确保城市土地合理有序利用。

英国城市土地规划由法规系统和执法系统构成。法规系统包括制定城市规划法案和编制具有法律约束力的开发规划，执法系统是指以签发规划许可控制地区的土地开发活动。

民主监督制度作为土地规划法规系统中的约束行为，反映在土地规划法规系统中是民主参与政策；反映在土地规划执法系统中是"规划起诉"和中央政府对地方政府在执法过程中的强化监督与管理。

在英国，每一种类型的开发规划在编制过程中几乎都有法定的公众参与程序。其形式有公众评议、公众审查、公众讨论、公众审核、公众意见等。

英国有关城市规划方面的起诉分为规划起诉和强制执行起诉。

完整的民主监督制度保证了城市利用与开发中按照城市规划的要求而有序展开。作为开发商，在投资开发前，要对土地使用规划方案有所了解，需要知道周围地区的土地使用性质，也要知道在投资地区附近所进行的经济和社会活动是否有利于开发、经营和获取利润。

法律规定在规划的编制过程中，必须有 3 个月公众参与的阶段，这项规定可以从两个方面来理解：一方面，城市规划的实施毫无疑问将影响社会上某些人的利益，因此人们有权利了解规划的详细内容。城市规划还应该给人们以表达意见的机会。这种方式促使规划考虑绝大多数市民的利益。另一方面，规划的实施不仅需要政府的投资，也需要私人的投资。公众参与能够协助投资者与开发商了解投资环境和有关规划事宜。

第二，政府干预土地使用从规划、产权等方面入手。

私有土地占主体是英国土地使用的特征。获得土地资源只能通过市场机制。土地的使用功能取决于市场经济原则及与之相适应的城市规划政策。在某一个地区，如果缺乏经济活动的需求，开发就不可能发生，再好的城市规划也无法实施。这也就是说，市场经济对任何一块土地的价值都会产生重要的影响，即规划与经济发展不能分离。

英国的土地使用规划法规明确指出，除少数例外，所有的开发与建设必须通过规划得到政府的批准。这是因为市场本身无法产生一个合理的、有效的土地使用机制，无法做到既能在短期内解决对空间合理的要求，又能满足未来发展的长期需要。同时，土地是人类赖以生存的有限资源，政府部门必须要参与土地的分配，在再分配过程中对近期和远期的要求进行平衡，对不同利益集团之间的利益进行平衡。

在英国，政府干预土地使用不仅表现在制定城市土地开发规划的管理制度上，还表现在土地所有权方面。1947 年，英国城市规划法所包含的一个重要内容就是土地开发权归政府所有。1975 年的社区土地法为英国地方政府征购土地、调配地块以及出售土地用于开发等提供了法律保证。英国政府的城市开发集团、废弃土地复兴援助以及公私合作伙伴方案等都鼓励政府有关部门进行土地购置、地块调配、土地开垦以及基础设施的配套，使这些土地便于开发。

第三，政府干预土地利用必须与市场原则有机结合。

在城市规划进行土地分配过程中必须考虑土地的区位。一个城市，土地的使用应使其获得较高的土地使用效益。当然，一些公共设施，如电影院、图书馆等，考虑到公众的利益，规划就有可能难以实施。然而，土地级差原则有可能造成在某些价值较高的土地区位的高密度开发，而忽视在其他地区的开发，其结果将是城市不平衡发展和市中心地价无限制增长。高密度与高容积率会导致城市环境恶化，各种开发最为重要的是给城市社区带来利益，但市场本身是无法考虑这种需求的。因此，这要求城市规划考虑市场规律与土地级差原则，起统领作用。这个问题若处理得当，两者有机结合，城市规划将能够在整体上提高土地价值。

英国的地方政府具有开发规划管理的实权。根据英国的规划法，地方政府可以批准或拒绝规划申请。同时，地方政府还可以附加其认为适宜的有关条件，规划管理部门可以与开发商进行谈判，要求开发商提供某些基础设施的建设或取得某些"规划收益"。

即使在市场经济中依然需要政府对土地使用和土地市场进行干预。1975年，法规授予地方规划部门的权力被撤销，但威尔士土地管理部门仍保留了土地强制购置权。因此，该机构可以将许多私人所有的小块土地集中起来，形成一大片适宜开发的土地。如果让开发商逐块地来谈判购地，购地的时间可能需要10倍以上。强制购置土地权在旧城改造过程中也发挥了重要的作用。通过购地与售地，政府获得大笔利润。这些利润可以用于旧城的改造与提供基础设施所需的费用。威尔士土地管理部门的成功说明了政府对土地使用与对土地市场进行干预的重要性。另外，政府以城市规划为手段对开发进行干涉能够确保社区的利益，使开发不仅仅对开发商有利。

我国在进行社会主义市场经济建设时，应以市场经济作为手段提高生产力水平，强化公有制，特别是土地归国家所有，通过各种法律法规、政策以及城市规划，使国家和社区能够分享土地的升值利润，造福人民，最终提高广大人民的生活水平，提高群众的生活质量。

2.2.1.3 德国城市土地利用规划启示

第一，城市土地合理利用必须保证规划优先原则。

德国城市规划的发展经历了三个阶段：大约1860年至1910年为第一阶段，即被动式规划阶段。在这期间，规划工作只不过是画画道路红线，至于红线内土地的使用性质，任凭自由竞争。大约1910年至1960年为第二阶段，即主动式规划阶段。这一阶段的规划工作已有一定预测，根据城市发展趋势预先安排城市各项用地，但规划本身对城市发展并无重大影响。1960年至今为第三阶段，即发展式规划阶段，城市规划至此到了一个新的阶段。

这一阶段的规划工作带有明显的政治性、多学科性和群众性。对社会经济进行全面的调查分析作为编制规划的依据，而规划又反过来通过投资计划对社会经济的发展起调节作用。

第二，科学的用地分类方法是合理利用城市土地的前提。

德国的城市用地，尤其是建造用地分类方法很有特色，也较为科学。德国的城市用地一般被划分为居住用地（U）、混合用地（M）、工业用地（G）、特别用地（S）四种类型，每一种类型又有次一级用地片区构成，如核心区、混合区、居住区等，而这些片区的有关具体规定，即在此用地范围内允许建造什么、不允许建造什么，在建造用地规范中均有详细说明。根据这种城市用地分类方法编制出来的土地利用规划能较为清晰地表现城市结构规划思想，具有较为明确的意向性和指导性，同时又具有一定的弹性和灵活性。这样既使于土地利用规划较为顺利地发展为建造规划，又便于规划管理部门掌握土地利用情况。这种管理模式与城市用地的内在价值规律相吻合，有助于城市空间艺术的布局与组织。

2.2.2 我国土地收购储备的模式

很多地方已将建立土地收购储备制度作为深化土地使用制度改革和土地管理改革的突破口。由于这项制度是各地因地制宜、开拓探索的产物，因此展现出多种模式交相辉映的局面。虽然我国大部分城市已经建立了土地收购储备制度，但土地收购储备的运行模式却不相同。具体有以下三种模式：

2.2.2.1 市场机制运行模式

这一模式的特点是土地收购储备机构根据收购计划和城市政府的要求，通过与被收购单位协商，确定土地收购价格或约定土地收益分成，按照约定由发展中心支付收购金，取得土地并按规定办理土地过户手续。土地收购储备机构取得土地后负责对土地进行拆迁、平整和相关基础设施配套，对易于转让的储备土地由土地管理部门出让给新的用地者。这一模式的典型城市有上海和厦门。

上海采用的基本上是"一只手"模式，即主要依靠市场的力量进行土地收购储备。除收购储备计划向政府报批、地块范围根据政府的要求划定外，其他由市场决定。土地收购者首先向规划部门申请确定规划条件，对地块进行评估；其次与原土地使用者经过协商签订收购协议；最后按规定办理相关手续，支付收购金。土地出让者首先通过各种渠道广泛招商，依据资信、资质、业绩等条件选择合适的开发商；其次与开发商协商，签订协议；最后由政府行政管理部门办理土地出让手续。

2.2.2.2　行政指导和市场运作相结合模式

这一模式的特点是收购储备土地的范围由政府行政法规规定，规定范围内的土地统一由土地收购储备机构根据计划进行收购、储备、开发，土地管理部门根据用地需求通过招标拍卖的方式对储备土地实行统一出让，规定范围内的土地使用者不能像过去一样通过补办出让手续的方法自行转让土地使用权。这一模式的典型城市有杭州及全国大部分城市。

以杭州为例，政府一抓"统一收购权"，市区范围内凡需盘活的土地一律由政府收购储备；二抓"统一批发权"，市区土地特别是用于经营性房地产开发用地统一由政府供应，根据需求通过招标拍卖的方式出让。政府通过土地收购（收回）、土地储备、土地出让这三个环节实现市区土地一级市场垄断，规定范围内的划拨土地不能通过补办出让手续的方法自行转让使用权，结果形成了土地收购储备两级管理的体制：市土地收购储备管理委员会是政府决策机构，隶属于市土地管理局的土地储备中心则是土地储备工作的执行机构。截至 2002 年 3 月底，杭州市区已通过土地储备中心收购用地 121 宗，面积 260 公顷，支出资金 25.7 亿元，开发后出让土地 97 宗，面积 121.8 公顷，收回资金 20.8 亿元。浙江嵊州化肥厂关闭了 11 年，所占的 260 亩土地也闲置了 11 年，土地收购储备制度建立后，很快就得到利用。"一个龙头放水"，使土地招标拍卖得以实行。过去，需要一块地，市场上冒出几十块、上百块土地，供大于求，竞相压价；现在，只能从政府提供的地块中选择，开发商唯有走招标拍卖的路子。面对土地收购储备制度的大发展，仔细品味一下其历程，也许就不难理解为什么其会被视为土地管理的一项意义深远的改革，为什么说其重要性不亚于 1987 年"敲响第一槌"的土地使用制度改革。

杭州模式的核心功能是控制城市土地供应，提高政府对城市土地的管理力度和水平。这种功能和定位弥补了对城市存量土地管理和对划拨土地入市控制的缺口，全面体现了政府对土地供应的总量控制。从改革的大方向来看，杭州模式更符合总量控制、统一管理、市场调控的要求。

2.2.2.3　行政指导、市场运作与其他职能相结合模式

这一模式除了具有第二种模式的特点外，还兼有有形市场、土地整理甚至国有土地资产代表的特点。其典型代表有南通、武汉等城市。

在南通，行政指导、市场运作与土地资产管理相结合，可以说是"两只手"方式的变例。政府规定用于收购储备的土地范围，土地收购储备机

构对可收购土地与原用地者签订合同，支付收购补偿费，取得使用权。土地收购储备机构受政府委托作为国有土地资产的代表，对国有企业改革中土地使用权作价出资（入股）部分进行管理，收取企业改革中以租赁方式处置的土地使用权的租金和其他用地者按规定向政府缴纳的租金。

2.2.3 我国土地储备的模式选择

我国的三种土地收购储备的模式不管是在职责上还是在执行的效果上都有所不同，本书主要从以下几个方面进行简单说明：

2.2.3.1 土地储备机构的职责不同

上海的土地储备机构由市政府设立，是受市政府委托从事土地收购、储备和出让工作的职能机构。具体来讲，该机构的职责就是协助政府建立本地区城市土地收购、储备和出让机制，根据城市规划、年度土地供应计划和市场需要，进行土地收购和储备，并按时间节点依次将其投放到土地一级市场。

杭州的土地储备机构与上海类似，也是受市政府委托设立的，职责也是进行土地储备工作。该机构在市土地收购储备管理委员会指导下运用行政手段开展土地收购、储备和出让工作。

武汉的土地储备机构与上海及杭州有所不同，它不仅具有从事土地储备工作的职责，而且由于武汉实行的是土地储备与土地交易许可相结合模式，土地储备机构也担负土地交易许可的职责。根据《武汉市人民政府关于建立土地储备制度的通知》中的规定，除经营性房地产开发用地由武汉土地储备机构统一负责收购、储备和出让之外，其他用途的城市土地使用权的出让适用土地交易许可制度，由土地交易中心公开组织进行。

2.2.3.2 土地使用者拥有的权力不同

上海的土地储备模式是市场主导型，因此土地使用者拥有的权力是最充分的。除了土地使用权未被收回的国有土地和出让后依法收回土地使用权的国有土地之外，其他土地使用者都可以在市场交易中自由处置其拥有使用权的土地。对于被划定为土地储备范围的土地，现在土地使用者也可以与土地储备机构就收购价格进行谈判协商。对于房地产开发商来说，其在上海还可以自主进行企业土地储备，经相关职能部门批准即可。

杭州的土地储备模式是政府主导型，因此杭州的土地使用者拥有的权力相对来说是比较有限的。杭州土地储备机构对划归城市土地储备范围的城市土地拥有强制收购权，而且政府禁止任何形式的私自交易出让土地行为，需要流转的土地必须先由土地储备机构予以收购，之后由该机构组织出让。

武汉的土地储备模式是行政指导与市场运作相结合的模式，这种模式下属于土地储备机构收购范围的土地同样由于强制收购权而无法由土地使用者自由处置，但是土地储备范围之外的土地或目前不适合收购的土地则可以通过土地交易许可制度，经有关土地行政管理部门批准后进行交易。

2.2.3.3 对土地市场的调控方式和效果不同

在上海的市场主导模式下，政府通过协商方式支付对价后收购土地，经过前期整理后再根据市场需要将土地投放到土地一级市场。与此同时，由于土地储备机构无权强行收购土地，存量土地使用者自身享有自由处分土地的权利，因此土地市场的交易主体包括政府、企业和个人，从而增加了土地市场的不可预见性，政府难以对土地市场进行绝对的控制。

在杭州的政府主导模式下，城市土地储备中心具有行政强制权，在政府规章规定的范围内享有垄断收购、储备和出让土地的权力，所有属于城市土地储备范围内的土地都必须经由土地储备中心取得后投放到土地一级市场，政府禁止用地者自行交易土地。因此，政府对土地市场具有全面的控制权。

在武汉的行政指导与市场运作相结合模式下，土地储备机构对划归城市土地储备范围的土地可以行使强制收购权，经过前期整理后投放土地市场，而对未纳入城市土地储备范围的土地，依据土地交易许可权制度，相关企业或个人经相关部门审批后可以进入土地市场进行交易。

土地收购储备模式应既保证政府建立和实施土地收购储备制度的宏观社会、经济目标的实现，又充分考虑被收购经济主体对经济利益的追求；既要通过政府参与，实现各部门的协调配合，又必须借助市场机制引入现代企业制度，提高城市土地资源配置效率并实现城市土地的公平交易，保障土地储备机构的经营自主权。因此，我国可以考虑建立政府授权和监督下的城市土地储备经营公司来运作城市土地的储备事宜，以企业化运作的方式实现国有土地储备的委托经营。政府成立专门的土地收购储备委员会，由该委员会负责各相关部门的协调工作，并在协调规划等部门的基础上，制订用地计划。城市土地储备经营公司在政府的监督下，一方面严格执行城市政府的土地收购、储备和供应计划；另一方面借助市场来实现城市土地储备计划，以促进城市土地市场的健康高效运作。

城市土地储备经营公司的主要职能包括接受政府委托，实施统一的城市土地收购与供应计划；进行储备土地的开发与管理；实现所储备的城市土地资产的经营增值。对完全委托给土地储备经营公司的经营性用地，土地储备经营公司应按市场化方式运作，以利润最大化为目标，确保土地资产的保值增值；对非经营性用地，土地储备经营公司应以社会利益最大化为目标，以政府为主导、土地储备经营公司协作的方式运作，所需资金由政府划拨，既保证政府的主导作用，又引入先进、高效的企业化运作模式。无论是经营性项目还是非经营性项目，城市土地储备经营公司都要进行项目后评价，以便给今后的土地收购储备工作提供建议。图 2-1 所示为政府授权监督下的城市土地储备经营运作模式。

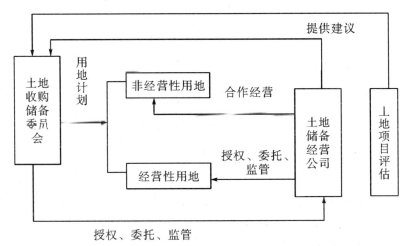

图 2-1　政府授权监督下的城市土地储备经营公司运作模式

2.2.4　我国土地收购储备机构的设置模式

土地收购储备机构设置的模式主要有两种：一种是单一结构，即土地收购储备机构隶属于土地管理部门，如上海模式。另一种是双结构，即土地收购储备委员会和土地收购储备机构。土地收购储备委员会由政府设立，成员由土地、财政、计划、规划等部门组成，任务是协调土地收购、储备、出让的政策；土地收购储备机构隶属于土地管理部门，接受土地收购储备委员会的领导和监督。单一结构的土地收购储备机构的运行，由于缺少体制和制度的保障，在运行中存在很多困难。从实践来看，以杭州模式为代表的双结构的土地收购储备机构的运行比较顺利。

2.3 土地收购储备的运作程序

土地收购储备的运作程序如图 2-2 所示。

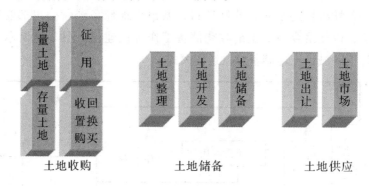

图 2-2 土地收购储备的运作程序

从图 2-2 可以看出,土地收购储备运作程序主要由土地收购、土地储备、土地供应三个环节构成。土地收购是指根据城市政府授权和土地储备计划,土地储备中心购买或收回市区范围内国有土地使用权的活动。土地收购实现了土地使用权由集体或城市其他使用者手中向政府集中。

通过实施土地收购储备运作程序,政府无偿收回的土地可以直接进入土地储备库。需要政府收购储备或征用储备的土地则可以采用三种方式予以储备,即直接利用土地储备基金收购、征用土地进行储备;以贷款担保的方式收购、征用土地并予以储备;以赊账方式购买、征用土地并予以储备。关于我国的土地储备供应,政府应着重在土地一级市场上控制土地供应。在土地一级市场上,政府或其委托机构——土地储备中心高度垄断土地供应。土地储备供应的主体是土地储备中心,土地储备中心虽然不是完全意义上的以利润最大化为目标的微观企业,但也不是福利中心,它供应土地是为获取一定收益的。因此,影响土地储备供应的重要因素是价格。另外,土地开发成本、市场竞争状态及竞争程度、政府政策等也是影响土地储备供应的重要因素。

2.4 本章小结

本章首先对土地储备运行机制的概念进行了界定。土地收购储备的概念有多种表述，本书认为，土地收购储备是指城市土地收购储备中心通过征用、收购、置换、转制、收回等方式，从分散的土地使用者手中把土地集中起来，并由土地收购储备中心组织进行职工和居民的安置、房屋拆迁、土地平整等一系列土地整理工作后，将土地储备起来，再根据城市规划和城市土地出让年度计划，有计划地将土地投入市场的制度。本章对我国土地储备运行机制的背景和意义进行了分析。我国城市土地归国家所有，通过实行土地有偿、有期限使用，形成土地市场。在这种土地制度框架下，国家是唯一的土地所有者，国有土地使用权出让和出租形成垄断性的城市土地一级市场。从国家取得的合法土地使用权在合同规定的范围内可以进入市场流通，进行转让和转租，形成竞争性的土地二级市场。土地储备制度是城市土地制度改革的一项重大措施，也是房地产领域改革的一个热点。这一现象的出现不是偶然的，而是我国经济体制改革、土地使用制度改革和土地管理改革深化的必然结果，具有深刻的历史和现实背景。其主要目标是通过政府垄断土地一级市场供应，增强政府对土地市场的调控能力，防止土地收益流失、规范市场秩序。本章介绍了我国土地收购储备的几种模式，有市场机制运行模式，行政指导和市场运作相结合的模式，行政指导、市场运作与其他职能相结合的模式。同时，本章对土地收购储备的运作程序进行了介绍。本章还通过引用国外土地储备机制的运作模式，得出了一些有益的经验。我国土地储备是一项复杂的工程，因此应建立政府授权和监督下的城市土地储备经营公司来运作城市土地的储备事宜，并在规划等部门的基础上，制订用地计划。城市土地储备经营公司接受政府委托，实施统一的城市土地收购与供应计划；进行储备土地的开发与管理；实现所储备的城市土地资产的经营增值。对完全委托给土地储备经营公司的经营性用地，土地储备经营公司按市场化方式运作，以利润最大化为目标，确保土地资产的保值增值；对非经营性用地，土地储备经营公司应以社会利益最大化为目标，以政府为主导、土地储备经营公司协作的方式运作，既保证政府的主导作用，又引入先进、高效的企业化运作模式。城市土地储备经营公司还需要进行项目后评价，以便给今后土地收购储备工作提供建议。土地的自然属性和经济属性决定必须建立政府授权和监督下的城市土地储备运行机制。政府掌握土地的一级供应可以在更大程度上保证城市规划和土地利用规划的实施。建立政府授权和监督下的土地储备运行机制能够保证土地储备运作的高效率，进而能够从整体上提高土地资源的利用效率。

3 土地储备运行机制中的土地收购

土地收购是指根据城市政府授权和土地储备计划，土地储备中心购买或收回市区范围内国有土地使用权的活动。土地收购实现了土地使用权由集体或城市其他使用者手中向政府集中。

3.1 我国土地收购现状

我国土地收购的工作程序分为申请收购、权属核查、征询意见、费用测算、方案报批、签订合同、收购补偿、权属变更、交付土地。按照地方实践规定的范围，储备土地的来源主要如下：

①因单位搬迁、解散、撤销、破产或其他原因停止使用的原划拨国有土地。

②市政府指令征购的土地。

③以出让方式取得土地使用权后无力继续开发且又不具备转让条件的土地。

④因国家建设代征而未使用的土地。

⑤被依法收回的国有土地。

⑥土地使用权人申请土地储备中心回收的土地。

⑦其他需要进行储备的土地。

从以上土地储备范围可以看出，储备土地的来源不仅包括城市存量土地，还包括城市增量土地。从我国土地所有制的形式、土地储备机制的功能定位以及杭州等地土地储备制度运行的经验来看，合理的土地征收范围应由政府完全垄断一级土地市场，即所有城市存量土地和增量土地在出让前都只能从土地储备中心这"一个口子进、一个口子出"。根据各地实践，结合我国土地所有制的特点，我们认为合理的土地征收范围应包括四个方面：进入城市建设用地范围的农村集体土地、城市存量土地中的划拨土地、城市存量土地中没有经过出让和划拨的土地、出让土地中被政府收购的土地。储备土地进入土地储备体系后，应由土地拆迁公司及时完成拆迁、平整、开发、配套等土地整理工作，以熟地进行出让。

现阶段，收购有土地征用、土地收回、土地购买、土地置换四种形式。

①土地征用。随着城市经济的发展，城市的空间形态和范围也都在发生变化。在这个发展变化的过程中，有不少集体土地逐渐被纳入城市用地范围。政府要将已纳入或即将纳入城市建设的土地加以征用，进行城市建设土地储备。例如，深圳每年投入大量资金，将集体土地征归国有，进行基础设施配套建设，搞好建设用地的前期开发，之后主要通过招标、拍卖的方式将土地提供给用地单位。青岛在大湛山村改造中，将剩余的 2.29 公顷土地征为国有，储备开发后，将土地使用权出让，收取出让金 1.8 亿元。土地征用是进行土地储备的方式之一。根据《中华人民共和国土地管理法》的规定，征用土地的程序大体可以分为申请、审查、批准、公告、征地补偿几个步骤。

②土地收回。土地使用权的收回实际上是土地产权的收回，反映了土地所有者对土地的最终处置权。土地储备中心代表政府按照法律、法规等收回土地使用权。土地回收的主要对象是城市存量土地，可以是无偿的，但多数情况下是需要补偿的。土地收回操作程序如图 3-1 所示。

③土地购买。土地储备中心通过经济投入的方式，选择开发潜力较大的地块，或者对协议批租和土地转让价格明显偏低的交易由政府直接干预不能及时纠正的，以同样价格优先购买。对有偿收回的土地，土地储备中心也可以采取购买的方式进行土地储备。两者有相似之处，只不过前者是政府的行政行为，后者是土地储备机构的经济行为。土地购买操作程序如图 3-2 所示。

④土地置换。土地储备中心根据城市政府的经济发展战略和城市经济结构布局，对原来在城区内不符合城市规划或对企业再发展有阻碍的企业和单位进行用地布局调整，用储备土地置换出原企业或单位的土地。土地置换操作程序如图 3-3 所示。

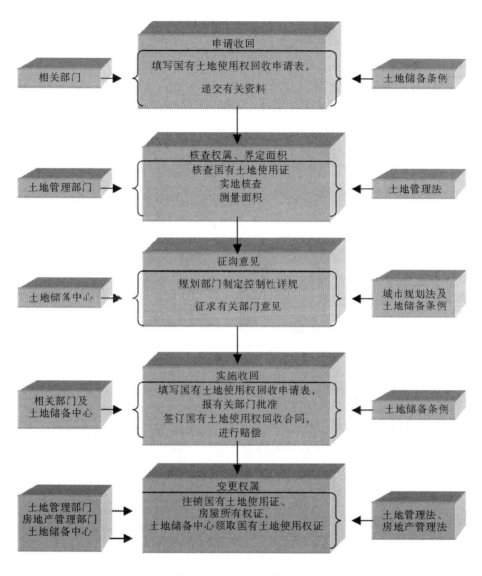

图 3-1 土地收回操作程序

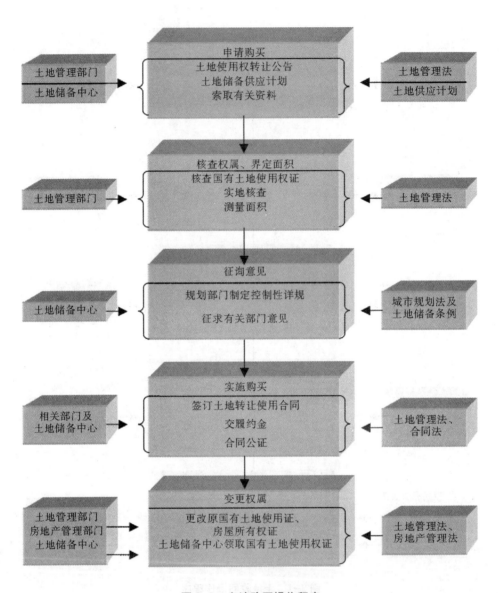

图 3-2　土地购买操作程序

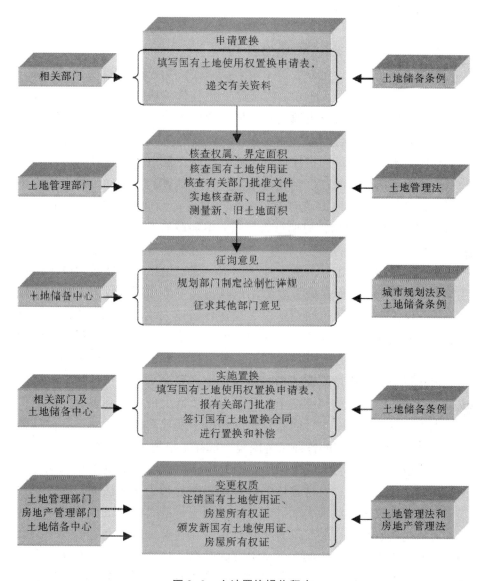

图 3-3　土地置换操作程序

3.2　我国土地收购中存在的问题

虽然土地储备制度一建立就在全国大小城市得到推广，并且取得了阶段性成果，但是在许多城市"一哄而上"实施土地储备的过程中，也出现了一些比较突出的问题。

3.2.1　土地收购中的寻租问题

在土地收购过程中，地方政府实际上是具体的执行者。每一届地方政府在其执政期间，对城市土地利用、城市化发展速度、经济建设、财政状况等各个方面都要综合考虑，体现在土地收益分配方面就是地方政府在其执政期间对土地征用量的把握尺度。地方政府在征地出让过程中可以获得比完全竞争市场更大的制度性租金收益，由于这种利益驱动，加上地方干部考核机制等问题，地方政府的每一届执政者都倾向于最大量征用土地，出现"寅吃卯粮"现象，短期行为严重。本届政府和下一届政府之间可能存在着用地利益冲突的问题，即一个城市的可征地范围并不是可以无限制扩张的，本届政府征用过多的土地，则下一届以至以后各届政府的土地征用都会受到影响，进而在地方政府土地收益关系中和财政收入方面都会产生不同程度的影响。寻租问题不仅表现在各届地方政府执政者之间，同样也表现在政府和农村集体之间。在宏观的尺度上，一个地方农村集体的土地被征用，另一个地方农村集体则可以根据这个地方土地征用中的收益决定是否在将来被征用，或者选择暗中与土地开发商交易。这种状况可以看成是政府选择设置征地制度壁垒的行动获得了巨大的租金利益，同时支付了巨大的监督成本；而此时的农村集体却由于发现其他地区农村集体选择接受土地征用之后面临的各种经济困境，选择了集体土地直接入市的行动。这样其土地收益损失会大幅度减小，但是由于在政府采取设置征地制度壁垒行动的前提条件下，农村集体的这种隐形交易行为是违法的，因此农村集体在大幅度减小收益损失的同时，也必须支付巨大的违法风险成本，避免政府的执法监察等。最终政府和农村集体在利益分配上会达成一个略微倾向于农村集体的分配比例，但是双方同时都支付了巨大的成本（一个是监督成本，另一个是风险成本），造成了较大的社会福利损失和资源浪费。

不仅如此，土地收购中还存在着"圈地潮"问题。有的地区城市建设全部依赖本级财政可谓杯水车薪，于是不约而同地把眼睛盯向土地。低价征地、高价出让是一些地方创造政绩、增加财政收入、改善部门福利的"捷径"。据土地管理部门统计，2002年上半年，全国累计收取土地出让金达到6 000亿元，其中就有相当部分是良田。一些市（县）的土地出让金收入已占财政收入的40%甚至60%。

按照我国法律规定，征地是政府行为，"国家为了公共利益可以征地"。

然而，一些地方政府片面追求"以地生财"，几乎一切征地项目都搭公共利益的"便车"，随意出让、批租国有土地。与一些地方用地指标严重不足相反，一些开发区"圈而不用""储而不用"的现象普遍存在，而真正的工业企业又征不到地，影响了企业的再发展。如果土地的所有权和经营权不明晰，随意圈占耕地的现象就很难制止。

3.2.2 土地收购价格内涵不明确

在城市土地收购储备制度的各环节中，收购或征用价格的确定是一个非常敏感的问题，因为它涉及收购方（政府）与被收购方之间的利益分配，也关系社会的稳定。实施土地收购的过程中可能牵涉的价格或费用主要包括土地价格、地上附着物补偿费、职工或住户安置费、企业异地经营建设费以及企业债务等。对土地价格的理解又分为两种情况：一是土地原用途价格，二是土地规划条件或土地最佳利用条件下的土地发展权价格。收购价格内涵界定主要是明确土地收购价格内涵构成中应包括上述几个部分。由于各城市制定的土地收购储备制度实施办法中均没有明确予以界定，收购双方对收购价格的确定往往存在巨大分歧。被收购方的要价通常分为两种类型：一是按规划用途开发预期收益的市场价格确定土地收购价格；二是以企业自身需要解决的问题，如职工安置、企业搬迁异地经营以及债务处理等所需费用作为确定土地收购价格的依据。被收购方希望以较高的价格被收购，而作为收购方的政府或政府授权的执行机构（土地储备中心），则更多关注收购价格对出让价格的影响和收购储备过程中的资金平衡问题，原则上希望收购价格尽可能偏低，以便能较好地控制土地一级市场价格，尽可能体现国有土地收益。收购方对土地收购价格的低期望价格与被收购方对土地价格的高期望价格，构成了土地收购储备中难以调和的矛盾。

我国土地统一收购性质界定不一，土地交易双方关系多样化，使得不同地区土地储备操作方式不一，导致公众对土地储备的认识发生偏差，影响政府形象和土地收购储备的运作效率。同时，由于各城市制定的城市土地储备实施办法没有做出明确界定，收购双方对收购价格的确定存在较大的分歧。土地收购过程中收购价格的确定无论是收购方还是被收购方，往往都不是从被收购土地的实际价格出发考虑问题，更多是从自身需要解决的问题去决定地价。因此，明确土地收购过程中土地价格内涵、准确界定土地收益的构成、合理分配政府和原土地使用者之间的利益，是城市土地储备机制顺利运转必须解决的问题。

3.2.3 征地补偿形式单一，补偿内容不合理

在土地收购过程中，征地补偿形式单一，短期行为严重。土地被征用后，农民一般由村集体经济组织采取一次性补偿一定费用的方式进行安置，没有在提高失地农民"造血"功能，帮助提高农民素质、拓宽农民就业渠道上下功夫。征地补偿与农村社会保障制度脱节，土地补偿没有考虑农民的生存和发展问题。短期内失地农民不会存在生计问题，但从长远看，一些适应性较差、劳动技能不足的农民将会出现因失地致贫的现象，征地补偿的内容不合理，扭曲了征地补偿的机理，从而产生新的社会问题。这样的征地补偿办法，难以保证失地农民维持过去的生活水平。

以耕地为例，征用耕地的补偿费用包括土地补偿费、安置补助费以及地上附着物和青苗的补偿费。征用耕地的土地补偿费为该耕地被征用前3年平均年产值的6~10倍，其余由各地自行规定。各地根据《中华人民共和国土地管理法》的规定，制定了更为详细的征地补偿标准。2000年前后，在浙江等地，一亩耕地的征地补偿费为5万~6万元，不过农民能拿到手的仅仅是耕地补偿费总额中的一部分。有关人员2001年11月对浙北某县的一项调查发现，在该县城郊区，每亩耕地补偿费在5万元左右，其中能用于直接分配的补偿费是2万~3万元。扣除劳动力安置补助费后剩下的可支配补偿费的分配形式有很多，在该县至少有三种形式：一是完全归承包户所有，村集体不再调整重新分配土地；二是部分归个人，部分在生产队范围内分配，土地适当调整；三是除去青苗和附着物补偿费后全部在生产队范围内分配，土地重新调整。如果按照第一种方案，征用1亩耕地1个农民获得的全部征地补偿费为2万~3万元，并办理城镇户口，在以后失业状态下可以获得280元/月的救济。这样的征地补偿水平，被征用农民即便不与征用后土地价格作比较，也会感到不公平，其失去土地后的生活水平也不一定能达到原先的水准。事实上，即便给予公平的征地补偿（比如充分考虑土地的价值），而不额外考虑农民失去土地后的出路，农民在城市中的生存仍然会受到威胁。这是因为长期实行的城乡隔离政策和二元社会结构导致居住在农村的居民通常文化素质、知识技能相对较低，在城市中能从事的一般都是低技术劳动和低社会参与的职业，社会地位低下。同时，由于我国农村居民收入水平仍较低，还不能在短期内建立一种以个人付费为基础的、覆盖全社会的社会保障制度。在生存能力低下和被排除在社会保障制度之外的双重压力下，农地的社会保障功能得到强化，而征地补偿标准已经难

以保证被征地农民维持现有的生活水平。

3.3 土地收购的分析

在土地收购过程中，存在着不同的群体，从时间前后来看，可以分为上、下届地方政府，从同一个时间段来看，又有地方政府与农村集体之分。这些群体在可获得利益的驱使下，力图实现自身利益的最大化，各个利益群体之间存在着利益竞争。本书将运用博弈论对在土地收购过程中不同届地方政府之间、地方政府与农村集体之间的利益关系进行分析。

3.3.1 不同届地方政府之间的征地博弈分析

正如前文所述，在土地征用出让过程中，地方政府实际上是具体的执行者。每一届地方政府在其执政期间，对城市土地利用、城市化发展速度、经济建设、财政状况等各个方面都要综合考虑，体现在土地收益分配方面就是地方政府在其执政期间对土地征用量的把握尺度。本部分试图根据博弈论的思路和方式对不同届地方政府之间的土地征用略作分析。

在分析之前，先进行如下理论准备：

第一，博弈参与人假设。此次博弈中的两个参与人为本届地方政府 A 和下一届地方政府 B。这是此次博弈分析中较为特殊的假设，因为两个参与人是不同时间的博弈，在行动顺序上不能反复，但是本书的主要目的是分析考察两届政府之间的可能行动策略的影响。

第二，博弈策略选择假设。地方政府 A 和地方政府 B 各有两种选择：扩张征地——当前利益最大化，适度征地——土地储备持续发展。在征地利益驱动下，地方政府可能会倾向于极力扩张征地，因为这不仅可以增加本级政府的土地收益，还可以在相当程度上解决本级政府财政收入问题。如果地方政府是在理性思维的前提下，在保证本届政府土地收益的同时也注重下届甚至以后各届政府土地收益，这时土地收益和财政状况会相对前一种选择有所降低，但城市的社会综合效益则比前一种选择大大提高。在这个矩阵中，地方政府 A 率先行动，地方政府 B 随后行动，两者为动态博弈（见表3-1）。

表 3-1　地方政府不同届之间征地的博弈矩阵

地方政府 A	地方政府 B	
	扩张征地——当前 利益最大化	适度征地——土地储备 持续发展
扩张征地——当前利益最大化	（策略组合 A）	（策略组合 B）
适度征地——土地储备持续发展	（策略组合 C）	（策略组合 D）

在策略组合 A 中，地方政府 A 可能先采取"扩张征地——当前利益最大化"的行动，可以保证自身获得土地征用出让过程中的巨大租金空间，土地收益较高，可以满足地方财政的需要。这是地方政府 A 作为"经济人"所采取的最佳行动方案，但这样的行为会给下一届地方政府 B 带来不利的环境。地方政府 B 在地方政府 A 行动后，由于上一届政府过度地掠取土地收益，地方政府 B 一上任就面临较为困难的财政状况，不仅财政相对紧张，而且作为财政收入的一个相当大的来源（土地收益）已经呈过度掠取状态，因此此时地方政府 B 可能采取与上一届政府同样的策略，即继续尽可能地掠取土地征用出让中的土地租金收益。由于上一届政府的行为，地方政府 B 虽然采取利益最大化策略，但是其最终获得的土地收益水平一般，财政状况也一般。这种策略组合反映了前任地方政府"以地生财"（第一轮圈地），而后任地方政府必须"以地补亏"（第二轮圈地）的情况。

在策略组合 B 中，地方政府 A 可能仍然先采取"扩张征地——当前利益最大化"的行动，保证自身获得土地征用出让过程中的巨大租金空间，土地收益较高，可以满足地方财政需要。同样，地方政府 A 给下一届地方政府 B 带来不利的环境。但是在这个策略组合中，虽然地方政府 B 面临的环境较为不利，但是其可能并没有如前任政府那样只保持"经济人"利益最大化的思路，而是考虑到城市自身发展的可持续性，此时地方政府 B 采取的行动可能是遵循城市正常的扩张速度，按照城市发展确定土地征用量。与策略组合 A 相比，地方政府 B 的土地收益较少，财政也相对匮乏。这是从上一届地方政府过度征地到下一届地方政府适度征地的一个必然的中间过程。虽然地方政府 B 承担了地方政府 A 的社会成本，但是为其后任政府创造了有利的土地利用环境。地方政府 B 面临的最严重困难是本级财政缺乏，则其需要从财政收入的其他方面予以加强，改变前任政府财政过度依赖土地收益的局面，而且这种局面一旦打开，其他各届后任政府将很容易继续保持这种可持续性的策略。

在策略组合 C 中，地方政府 A 由于考虑到土地资源的合理利用和资源的优化配置而先采取了"适度征地——土地储备持续发展"的行动，此时其征地数量、城市扩张速度等都比较适度，土地收益也处于正常水平，本级财政也不过度依赖土地收益，为后任政府创造了一个良好的执政环境。但是，随后的地方政府B却可能不如地方政府A那样兼顾全局，或者由于财政紧张的原因，其在上任后可能采取了"经济人"利益最大化的思路，开始过度征地，从而使政府的土地收益转高，财政转为充足。该种战略对于本届政府相当有利，但是其造成的城市持续发展困难的社会成本是需要由后任政府来承担的。这通常是"第一轮圈地"运动的产生原因。这种状况产生以后，后任政府只有策略组合A和策略组合B两种行动可以选择，从策略组合A和策略组合B的分析中可以看出，策略组合C中的地方政府B的行动很容易造成城市发展中过度征地的恶性循环，因为策略组合B中的后任政府面临的困难较大。

在策略组合D中，不论前任政府还是后任政府，可能都不采取极端的利益最大化的"经济人"思路，而是都理性思考，于是地方政府A和地方政府B可能都只采取"适度征地——土地储备持续发展"的行动。这样无论哪一任政府，其征地数量、城市扩张速度等都比较适度，土地收益也处于正常水平，本级财政也不过度依赖土地收益，每一任政府都为后任政府创造了良好的执政环境。这样每届政府的社会成本都由自己来承担，没有出现策略组合A、策略组合B和策略组合C中的负外部性，形成了良性循环的模式。

3.3.2 土地收购储备机构和农村集体之间的博弈分析

本部分介绍对集体土地入市过程中土地收购储备机构和农村集体之间的选择行为进行的博弈分析。这一博弈过程中的两个参与人分别是参与人1——土地收购储备机构和参与人2——农村集体。

在农村集体土地入市的过程中，参与人1可以有两种选择：一种选择是不寻租——不设置征地制度壁垒，允许集体土地直接入市，即土地市场上的需求者得到的是农村集体土地；另一种选择是寻租——凭借征地制度进行制度性寻租，农村集体土地先被征用为国家所有，之后出让给土地需求者。

在农村集体土地入市的过程中，参与人2也有两种选择：一种选择是使用正常手段——接受土地征用制度，集体土地先被土地收购储备机构征为国有，之后才可以进入土地市场流转，在这种情况下，参与人2蒙受了较大的土地收益损失；另一种选择是使用灰色手段——集体土地直接入市，参与人 2 直接与土地需求者进行谈判交易。土地收购储备机构与农村集体的博弈矩阵如表 3-2 所示。

表 3-2　土地收购储备机构与农村集体的博弈矩阵

参与人 1	参与人 2	
	正常手段	灰色手段
不寻租	U_{11}，U_{21}	U_{12}，U_{22}
寻租	U_{13}，U_{23}	U_{14}，U_{24}

进行逻辑分析后不难发现，若参与人 1 不寻租，$U_{22}=0$，即参与人 2 不能以灰色手段获取利益；若参与人 1 寻租，则 U_{23} 远小于 U_{24}。同理，U_{14} 远大于 U_{13}。为了进一步分析，我们假设参与人 1 和参与人 2 均为纯粹的本位主义者，任何的可能获利机会没有被抓住的话就是损失，因此 $U_{12}<0$，$U_{21}<0$。

在该博弈中，对于参与人 2 而言，如果参与人 1 不寻租，参与人 2 的最优策略是以正常手段获取利益；如果参与人 1 寻租，参与人 2 的最优策略是选择灰色手段。同样，对于参与人 1 而言，如果参与人 2 以正常手段获取利益，参与人 1 的最优策略是不寻租；如果参与人 2 选择灰色手段，参与人 1 的最优策略是寻租。

由此可见，该博弈为一个混合策略博弈问题，即参与人 1 与参与人 2 是随机选择其策略的，两者的策略有一个概率分布（见图 3-4）。

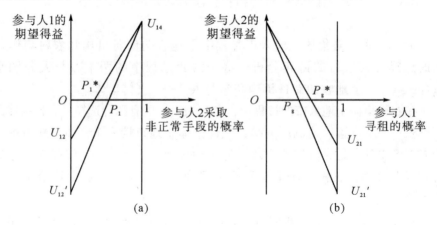

图 3-4　土地收购储备机构与农村集体的博弈策略概率分布

图 3-4 中的横轴反映参与人 2 使用正常手段的概率，其分布在 0~1，减去使用灰色手段的概率就是其使用正常手段的概率。纵轴反映了对应参与人 2 使用灰色手段时参与人 1 的期望得益。图 3-4 中 U_{14} 与 U_{12} 的连线与横轴的交点 P_t^* 就是参与人 2 在混合策略中选择使用灰色手段的概率。U_{14} 与 U_{12} 的连线上每一点的纵坐标都是参与人 1 在参与人 2 选择该点横坐标表示的使用灰色手段的概率时选择的期望得益。

假设参与人 2 选择使用灰色手段的概率小于 P_t^*，此时参与人 1 的期望得益小于 0，因此其肯定会选择不寻租。如果参与人 2 使用灰色手段的概率大于 P_t^*，参与人 1 的寻租得益大于 0，此时寻租是合算的。参与人 2 只要保证使用灰色手段的概率不小于 P_t^*，尽量降低使用灰色手段的概率是合算的。其会令使用灰色手段的概率趋于 P_t^*，即其混合策略是使用灰色手段的概率为 P_t^*，使用正常手段的概率为 $1-P_t^*$。同理，我们可以证明参与人 1 的混合策略为寻租的概率是 P_g^*，不寻租的概率为 $1-P_g^*$。

如图 3-4（a）所示，如果把参与人 1 不寻租得益由 U_{12} 降为 U_{12}'，那么参与人 2 使用灰色手段的概率会由 P_t^* 升为 P_t。如此参与人 2 首先会选择使用灰色手段而长期仍会选择混合策略。其使用灰色手段的概率升为 P_t。同理，在图 3-4（b）中，如果采取相应手段，参与人 2 的寻租概率会由 P_g^* 降为 P_g。

根据以上的分析，我们可以得出土地收购储备机构与农村集体的博弈策略组合矩阵（见表 3-3）。

表 3-3　土地收购储备机构与农村集体的博弈策略组合矩阵

土地收购储备机构	农村集体	
	接受土地征用制度	集体土地直接入市
设置征地制度壁垒	（策略组合 A）	（策略组合 B）
不设置征地制度壁垒	（策略组合 C）	（策略组合 D）

在策略组合 A 中，土地收购储备机构选择"设置征地制度壁垒"的行动，这样通过征地制度壁垒，土地收购储备机构可以获得征地补偿和出让市场之间巨大的租金利益空间，但是同时为了防止农村集体私自与土地需求者进行隐形违法交易，土地收购储备机构不得不加大监察力度，即必须支付巨大的监督成本；此时，农村集体选择"接受土地征用制度"的行动，但其蒙受的土地收益损失相当严重，而且其土地被征用之后，农村集体将面临生活保障、安置等问题，因此农村集体有打破这种局面的迫切愿望和

经济驱动力，即农村集体在这一策略组合中的选择极不稳定。

在策略组合 B 中，土地收购储备机构同样选择"设置征地制度壁垒"的行动，获得巨大的租金利益，同时支付巨大的监督成本；此时的农村集体却由于发现其他地区农村集体选择策略组合 A 中"接受土地征用制度"后面临的各种经济困境，而选择"集体土地直接入市"的行动，这样其土地收益损失会大幅度减小。但是由于在土地收购储备机构采取"设置征地制度壁垒"的行动的前提条件下，农村集体的这种隐形交易行为是违法的，因此农村集体在大幅度减小收益损失的同时也必须支付巨大的违法风险成本来避免土地收购储备机构的执法监察等。最终土地收购储备机构和农村集体会在利益分配关系上达成一个比策略组合 A 中分配关系略微倾向于农村集体的一个分配比例，但是双方都支付了巨大的成本（一个是监督成本，另一个是风险成本），造成巨大的社会福利损失和资源浪费。此时虽然有可能达成均衡，但是对于社会来说，不是最优策略组合。

在策略组合 C 中，土地收购储备机构选择"不设置征地制度壁垒"的行动，而农村集体选择"接受土地征用制度"，这种情况不符合逻辑，在现实中不存在，这里不做分析。

在策略组合 D 中，土地收购储备机构选择"不设置征地制度壁垒"的行动，这样集体土地可以合法地进入市场来满足土地需求者的需要，土地收购储备机构原来具有的制度性租金利益空间将不再存在，但同时也不用支付巨大的监督成本；农村集体随后可以合法地选择"集体土地直接入市"的行动，于是原来的农村集体土地收益损失将减小为零，同时由于是合法的，因此相比策略组合 B，农村集体不用支付巨大的违法风险成本。虽然相比策略组合 A 和策略组合 B，土地收购储备机构的收益是减少的，但是从产权经济学角度来看，这种情况才真正反映了产权和经济的对应关系。从社会成本角度来看，不存在制度上的社会成本（土地收购储备机构不支付监督成本，农村集体不支付风险成本），这对肩负社会责任的土地收购储备机构来说也是一种成本的降低。利益总体没有损失，也没有无谓的成本消费，因此策略组合 D 是最优的选择。

综上所述，策略组合 C 不成立，策略组合 A 不稳定，不符合经济学意义上的均衡，土地收购储备机构没有改变意愿，但农村集体的改变意愿相当强烈。其中有巨大的经济利益驱动着农村集体选择向策略组合 B 转变，而土地收购储备机构的利益也同时向策略组合 B 靠近。在策略组合 B 中，虽然可以达到暂时的均衡，但是对于社会来说却是一种消费，因为所有参与人的成本都在增加，即整个社会的成本增加，产生强烈的负外部性，仍然不是最优的均衡结果。通过策略组合 D 可以发现，如果土地收购储备机构强化其自身的宏观调控职能，最大化社会效益，最小化社会成本，而征地制度本身没有创造生产性利润，只是土地收益的重新分配。在这样的情况下，减少社会负外部性则成为土地征用制度改革的基本方向，即中国土地征用制度的变动方向为：策略组合 A→策略组合 B→策略组合 D。

3.3.3　土地收购价格内涵的理性分析

对城市土地收购和征用价格的内涵进行理性的分析，科学界定城市土地收购价格的内涵，合理确定城市土地收购价格非常有必要。土地统一收购性质定位主要是确定收购方（政府）与被收购方（企业或个人）之间的权利和义务的关系。

3.3.3.1　土地收购价格内涵界定的原则

土地价格的本质就是土地权利的收益价格。土地价格是与土地权利相互联系的，收益主体拥有的土地权利不同，其所能带来的土地收益不同，地价内涵及地价水平也不同。从原则上讲，界定城市土地收购价格的内涵一方面要尊重中国现行法律法规赋予被收购经济主体对其使用的土地拥有的权益，价格内涵与被收购经济主体对其使用的土地拥有的权益保持一致；另一方面要尊重中国现行法律法规赋予国家或政府对被收购土地拥有的权益，收购价格内涵确定应保证国家的利益不受侵犯，还要考虑政府实施土地收购储备制度对所要收购储备土地的需要。

3.3.3.2　城市土地收购双方对被收购土地拥有的权益

土地收购双方对被收购土地拥有的权益实际上是一个土地产权问题，即土地权利体系的设置问题。市场经济条件下各独立的经济主体对土地利益的追求只能在法律赋予的权利范围内进行。土地交易的对象是土地产权，因此土地收购补偿价格的内涵也只能以原土地使用者对被收购土地拥有的权利及利益界定。虽然中国目前的土地产权体系仍需进一步完善和明确，但从现行的法律法规去推导，土地收购双方对被收购土地的权利还是比较明确的。直接影响土地收购内涵构成界定的权利主要包括土地所有权、土地使用权（经营权）、土地处置权和土地发展权。关于土地所有权，宪法明确规定中国实行社会主义公有制，城市范围内的土地为国家所有，任何个人和集体都不拥有城市范围内土地的所有权。显然，土地收购的内涵构成不应包括土地所有权价格。土地使用权（经营权）是指土地使用者按照土地出让合同或划拨文件的使用条件规定经营土地并获取土地收益的权利。

有关法律法规明确规定，这是被收购土地的土地使用权。因此，凡涉及土地使用权提前收回的土地收购的内涵构成应包括土地使用权（经营权）价格。土地处置权包括最终处置权、出让和划拨权、用地约束调整权、转让权、出租权、抵押权和继承权等。拥有划拨土地使用权的原土地使用者完全不具备土地处置权。因此，如果被收购土地是划拨土地使用权的土地，土地收购补偿的内涵构成不应包括土地处置权价格。拥有出让土地使用权的原土地使用者相应地拥有土地转让权、出租权、抵押权和继承权，这在出让合同中有明确规定。如果被收购土地的原土地使用者拥有出让土地使用权，土地收购补偿内涵构成中应包括与其相应的土地处置权价格。土地发展权是指在土地规划或最优利用条件下的价格。在中国实施土地收购储备制度实践过程中，收购双方对价格分歧最大的就是土地发展权价格是否包含在土地收购价格的内涵构成中，包含与不包含会导致价格确定思路的较大变化。如果包含，就要以土地的未来最优利用状态确定价格；如果不包含，就应该以土地的当前利用状态确定价格。中国目前设置的土地权利体系没有直接的土地发展权，但从现行法律法规及土地增值的成因分析，土地发展权应是国家的权利，被收购土地的原使用者无论是出让土地使用权还是划拨土地使用权都不拥有土地的发展权。《中华人民共和国土地管理法》《中华人民共和国城镇国有土地使用权出让和转让暂行条例》都明确规定土地使用者应按土地使用权出让合同或按土地使用权划拨批准文件规定的用途、条件要求，开发、利用、经营土地，如果要改变用途或条件需土地、规划等相关部门的同意，出让土地使用权需重新签订出让合同，调整土地使用权出让金。可见，土地使用者只拥有土地原用途的经营权或处置权，不拥有土地发展权。

因此，从土地收购双方对被收购土地拥有的权益的角度分析，土地收购补偿价格的内涵应是与原土地使用者对被收购土地拥有权益相一致的土地经营权或部分处置权价格，价格内涵构成中不包括土地所有权和土地发展权价格。

3.3.3.3 城市土地收购储备制度对储备土地的要求

政府建立和实施城市土地收购储备制度基本运作模式是通过统一收购将城市内部不符合规划用途的存量土地和新增经营性用地纳入土地储备体系，通过储备或前期开发、重新规划后，投入一级土地市场，以实现其规范土地市场、盘活存量土地、落实城市规划等社会经济目标。由此可以看出，建立城市土地收购储备制度所要储备的土地是单纯意义上的土地，不包括土地上的建筑物，更不包括土地上生活和工作的住户或职工。因此，从政府建立和实施城市土地收购储备制度所要储备土地特点界定土地收购价格的内涵构成应该是单纯意义上的土地价格，不包括地上建筑物补偿费、职工或住户安置费、企业异地经营建设费等。

3.3.4　土地收购中征地补偿的理论分析

《中共中央关于推进农村改革发展若干重大问题决定》指出："完善土地承包经营权权能，依法保障农民对承包土地的占有、使用、收益等权利。加强土地承包经营权流转管理和服务，建立健全土地承包经营权流转市场，按照依法自愿有偿原则，允许农民以转包、出租、互换、转让、股份合作等形式流转土地承包经营权，发展多种形式的适度规模经营。有条件的地方可以发展专业大户、家庭农场、农民专业合作社等规模经营主体。土地承包经营权流转，不得改变土地集体所有性质，不得改变土地用途，不得损害农民土地承包权益。"

3.3.4.1　土地收购中征地补偿的概念界定

征地补偿是国家或政府因征地权利的行使，对特定人、团体发生经济上的特别损失，由国家或政府对受损失的人、团体给付金钱补偿、实物补偿或其他补偿方式的补偿。征地是国家的一种行政行为，征地补偿的目的在于弥补被征地人的财产权所遭受的损失，以符合社会公平负担的原则。然而，征地行为客观上剥夺了农民的生产和生活资料，事实上已经成为现阶段影响社会稳定的一个重要因素。

3.3.4.2　土地收购中征地补偿的依据

较长一段时间以来，我国现行的征地补偿的依据是被征土地的农业产值，被征土地的价格被定性为农地价格。我们认为，按照农业用途补偿，是沿袭了计划经济时期的思路和做法，不符合被征土地的价格形成过程。这不仅掩盖了被征土地的潜在收益和真正价值，阻断了征地补偿与真实地价的有机联系，而且剥夺了农民参与土地增值收益的权利和机会，是导致征地补偿偏低的根本原因。有资料显示，我国土地价格构成中征地补偿所占比重很低，如浙江的征地补偿约占招标、拍卖和挂牌出让土地价格的4.3%。出让价格通常是40~70年的土地使用权价格，而征地价格是所有权价格，如果换算成相同的年限征地价格会更低。

现代土地估价理论认为，土地价格要反映地价的形成规律和过程，要遵循基本的估价原理。土地估价的基本原理通常包括预期收益原理、最高最佳使用原理、替代原理、供需原理等。其中，预期收益原理认为，土地之所以有价格，是因为土地能在未来为持有者带来源源不断的收益。如果持有者放弃土地，就意味着放弃取得未来收益流的权利。本着"对等交换"的原则，原土地所有者因出让土地所得到的报酬应相当于未来收益流的现值之和。将未来收益流贴现的过程就是收益资本化的过程。马克思也为我们提供了经典命题——"土地价格是地租的资本化"，这里的地租是土地的未来净收益。由此可见，决定土地价格的基本要素是土地的未来收益而不是过去收益。如果土地没有改变用途的预期，过去的土地收益作为未来的土地收益的参考，可以用于测算土地价格。但是，当土地需要处置、面临改变用途时，其价值测算的依据应当是新用途的收益而不是过去用途的收益。

从我国实际情况看，土地征收的过程伴随着土地用途的转换，即农业用地转变为建设用地。尽管征收之前土地用途为农业用地，但政府征收的目的是为取得建设用地，因此政府为建设用地支付代价是理所应当的。征地补偿价格应定性为建设用地价格，征地补偿的依据应是建设用地的收益。

3.3.4.3 土地征地补偿政策成功的标准

征地补偿政策成功的因素有许多，主要包括明晰土地权属、限制征地范围和公正补偿。对发展中国家或经济转轨国家而言，明晰土地权属是重要的基础，因为它涉及谁是真正的交易主体、谁应该获得基于所有权和使用权的财产权补偿。限制征地范围是对政府征地权的限制，目的是保护个人财产权。在明晰产权和征地范围的情况下，公平、公正是解决征地补偿问题的最为重要的标准，其他的标准还有灵活合理的方法、公开和透明、成本效益。

第一，公平、公正。公平、公正是一个重要的补偿政策成功的标准。补偿是调整买卖双方不合理的成本和利润的分配。根据微观经济学理论，价值是由消费者期望支付的价格所决定的。土地价值同样建立在人们愿意支付的意愿之上，受到场地特点、距城市中心距离和用途的影响。土地的价值最终取决于最高投标者。土地的价值决定了土地的收益，增加土地价值和调整土地收益比例可以使农民获得公平、公正的补偿。

第二，灵活合理的方法。补偿应该包括多种形式，它可以由公共部门和私人机构通过现有机构或特别建立的再分配机制来支付。补偿可以通过货币或非货币形式以直接或间接的渠道支付。非货币补偿包括减少风险、风险转移或象征性补偿，如同意政治承诺。直接补偿可以由开发商直接支付给受影响的人，非直接补偿可以由非私人团体间接支付给受益者。近年来，中国出现了一些新的补偿方法，如土地入股、对征地农民发放津贴、现金安置与提供社会安全保障相结合等。这些新的补偿方式是从实际出发对合理解决征地补偿问题的有益探索。

第三，公开和透明。征地过程应该公开和透明，让农民参与整个过程，因为它涉及农民的终身利益。农民不仅应该参与补偿的谈判，而且应该参与征地决策的过程。农民应当有权获得拟征用土地的信息和资料，也有权要求政府监督征地过程、保证程序公正。

第四，成本效益。根据经济学理论，在明晰产权的前提下，交易成本可以降到最低，外部性可以被最小化；任何制度的转换都需付出成本。私人所有和国家所有较明晰，交易成本低于集体土地所有权，外部性也小。土地国家所有的交易成本低于集体所有，高于私人所有。将集体所有转变为国家所有或私人所有都需要付出成本，相比而言，前者成本小于后者成本。

3.4   土地收购问题的解决方案

通过《中共中央关于推进农村改革发展若干重大问题决定》可以看出，在土地制度改革中，我国必须探索一条满足工业化、城市化建设用地需要与保护耕地政策相协调的新途径。工业化、城市化必然占用土地，保证国家粮食安全必须严格保护耕地，出路在于：一是继续实行土地占补平衡政策；二是继续实行严格的节约用地制度；三是改革完善征地制度，规范政府和企业征地行为。政府除了公益事业需要征用农民土地外，不得以公益的名义，也不得以其他名义征用农民土地，之后进行"招拍挂"，从中获得高额土地差价收入，侵占农民土地利益。

3.4.1   确定合理的土地收购规模，规避土地寻租现象

土地收购是近年来土地管理中的一项新的工作，是实现耕地占补平衡和耕地总量动态平衡的重要途径，是贯彻《中华人民共和国土地管理法》的关键措施，是落实土地用途管制的重要手段。土地收购储备的重点在于调整存量土地，关键是按规划调整不合理的用地结构，确定更新改造地块，使政府在实施土地收购时可以编制切实可行的计划和留有选择的余地。因此，政府要择优收购开发潜力大、价格较低、规划用途与市场需求一致的地块，进一步规范土地收购行为。然而，正如前文所提到的，地方政府由

于利益的驱动，加上地方干部考核机制等问题，每一届地方政府执政者都可能倾向于最大量征用土地，短期行为现象严重。加之农村集体的隐形交易和土地收购中的"圈地潮"问题，造成了巨大的社会福利损失和资源浪费。为了更好地规避土地收购中出现的寻租问题，可以从以下两个方面入手：

3.4.1.1 继续实行土地占补平衡政策，确定合理的土地收购规模

根据竞争使用原则，比较经济效益低的土地用途必然存在向比较经济效益高的土地用途转化的内在冲动，土地的特殊性和过度的市场竞争会使土地资源的配置失去效益，社会的公正原则遭到破坏，即出现微观经济学中的"市场失灵"，于是土地用途管制制度应运而生。收购量在很大程度上取决于资金的成本问题。从调控市场的角度看，政府土地收购的数量越大，调控能力就越强，但土地收购是有成本的，这个成本如果超过了一定界限，进一步负债就有一定的风险。因此，在科学客观评价土地收购实际价值的基础上，只要土地收购的负债与土地收购的实际价值之比在一个合理的范围内，就可以负债收购土地。同时，政府要加强对土地收购的管理，避免因"圈而不用""储而不用"的现象而造成更大的土地资源浪费。

土地收购的期限既和成本有关，也和市场需求有关。当房地产市场供大于求，房地产市场低迷时，土地需求量相应较小，此时政府应增加储备量，延长储备期。待房地产市场需求逐渐回升，土地需求量增加时，政府应缩短土地的储备期，增加市场上土地的供给，以平抑土地价格，从而平抑房价。

3.4.1.1.1 关于土地收购规模的指导思想与主要制约条件

《中共中央关于推进农村改革发展若干重大问题决定》指出："划定永久基本农田，建立保护补偿机制，确保基本农田总量不减少、用途不改变、质量有提高。继续推进土地整理复垦开发，耕地实行先补后占，不得跨省区市进行占补平衡……实行最严格的节约用地制度，从严控制城乡建设用地总规模。完善农村宅基地制度，严格宅基地管理，依法保障农户宅基地用益物权。农村宅基地和村庄整理所节约的土地，首先要复垦为耕地，调剂为建设用地的必须符合土地利用规划、纳入年度建设用地计划，并优先满足集体建设用地。改革征地制度，严格界定公益性和经营性建设用地，逐步缩小征地范围，完善征地补偿机制。依法征收农村集体土地，按照同地同价原则及时足额给农村集体组织和农民合理补偿，解决好被征地农民就业、住房、社会保障。在土地利用规划确定的城镇建设用地范围外，经批准占用农村集体土地建设非公益性项目，允许农民依法通过多种方式参

与开发经营并保障农民合法权益。逐步建立城乡统一的建设用地市场，对依法取得的农村集体经营性建设用地，必须通过统一有形的土地市场、以公开规范的方式转让土地使用权，在符合规划的前提下与国有土地享有平等权益。"

政府进行土地收购的一个重要的目的是对土地供应总量进行控制，而只有土地收购积累到一定数量，才能使政府在市场土地供应短缺、地价暴涨时具备调控能力。但是土地收购过多，会造成资金占用过多，而资金不足，收购量过小，就又达不到调控土地市场的目的，如何科学地确定土地收购数量是一个重要的课题。土地收购数量的确定要根据土地市场供求关系来确定，而土地供求取决于社会、经济、政策等若干因素，可以通过对相关历史数据进行统计分析，设计需求预测模型，进而得到最佳土地收购数量。

土地收购制度有利于实现城市规划，实现城市规划指导下的土地最优利用。例如，根据"法定图则"出让土地，即以法的形式明确土地开发范围、用途、容积率等要求，使土地供给与城市规划相一致，使"弹性"过大的城市规划增加"刚性"，也为根除"土地寻租"创造条件。

①确定土地收购规模指导思想。土地收购应注意土地资源的配置与其稀缺性一致，把有限的资源投入最需要的用途上；土地利用的用途和开发强度与土地适宜性一致；重视土地开发量与更新周期的关系，减少土地闲置，避免掠夺性开发；重视土地开发的合理结构和布局，引导市场开发，使不同区位土地功能互补、开放有序。

②影响土地收购规模的主要制约条件。土地收购规模首先要达到调控市场的目的，同时土地收购也要获取收益，唯有合理的收益才能使土地收购持续运作。土地收购还要充分考虑可支配资源的制约，如土地收购机构的资金支付能力、土地获取的机会成本（收购成本与短期获取土地费用比较）、土地获取的稳定性与需求波动状况（不同时期可收购土地来源是否充足、未来不同时期土地需求量）等。土地收购规模既要考虑满足调控土地整体市场、抑制土地投机、避免地价的过度波动对经济社会发展产生不良冲击，又要考虑土地收购机构对收购成本的承受能力。

一般来说，在土地收购阶段，资金和申请收购单位数量是影响土地收购规模的主要制约条件；在土地开发收购阶段，城市发展规划要求和土地收购方式是影响土地收购规模的主要制约条件；在土地出让阶段，土地开发度、区位和市场销售情况是影响土地收购规模的主要制约条件。

土地收购带有多重目标性，不单是为了国家在土地一级市场上获得最大收益，同时还要兼顾土地收购的社会效益、生态环境效益等。因为这种非经济效益目标，土地收购不可能总是处于赢利状态，所以收购规模还受经济亏损承受能力的限制。这意味着只有库存土地的收购费用不高于短期获取土地的费用（如政府在特定短时期对特定城市区位的土地进行重划等，需要直接获取该地区的土地所产生的谈判费用）时，土地收购才是合理的。

3.4.1.1.2　城市土地收购的"吞吐"机制

①城市新增用地发展的相互关系。城市新增用地产生和发展的动力机制与整个城市社会经济系统存在着互动和反馈关系。城市新增用地通过投资和建设实现，同时又受社会需求和经济发展条件限制，即制约投资和建设的规模与周期。

②土地收购储备的"吞吐"机制。受资金有限的制约，城市土地储备机构急需利用实际资源，因此存在尽可能储备较少土地的倾向，土地储备可能采取的是及时储备及时供应，所谓即"吞"即"吐"的方式。这种"吞吐"调节机制也影响着城市土地储备规模。土地储备"吞吐"机制包括"吞进"和"吐出"两个部分，土地储备"吞进"机制一般应用于以下情况：一是土地储备情况未达到应有的规模水平；二是土地市场出现土地供过于求，需要调控土地市场，或者因特定目的政府要求实施土地储备等情况。土地储备"吐出"机制一般应用于以下情况：一是在土地市场供不应求，增量土地受到特定条件的限制而不足，此时土地储备的"吐出"效用最大。二是削减不必要的储备规模，原因包括土地储备的机会成本过高；由于土地市场稳定，未来土地储备来源充足、有保障，无需储备土地用于未来调控。

3.4.1.1.3　科学拟定土地储备规模

①土地储备规模与调节速度的关系。土地储备机构对土地储备持有量的调节速度与土地储备持有量存在一定的替代关系。若土地收购调节的手段越充分，效果就越显著，土地收购需求就越容易向下运动，具体表现为收购规模需求富有弹性、收购运作比较得心应手；反之，土地收购需求就容易面临强劲的下限制约，依靠大规模收购以应付未来土地市场的不确定性。因此，土地收购规模与调节速度负相关。当土地收购调节速度较快时，土地收购机构的土地收购持有量可以适当缩小。一个高效能的土地收购调节过程也是使土地收购运作成本达到最低的过程。在此有两个基本前提：一是调节过程尽可能减少闲置资源，促使闲置土地资源得到最大限度的利用。在收购过程中，由于存在收购的多目标性，为了达到某种收购目的而产生损失是不可避免的，但应尽可能使造成这种损失的时间达到最短。二

是调节过程中的摩擦损失也必须降到最低程度，收购机构要有强有力的运作机制，力求在收购过程中与政府相关部门及与社会相关单位的交易成本最小化，最大限度避免人为耗费。

②土地开发收购量参考计划的确定与成本优化。在现实工作中，为了减少土地收购的盲目性，利用城市房地产指数信息采集系统和预警系统的信息可以分析市场投资和土地需求变化的速度与趋势。根据本地对各类物业的有效需求、城市公共事业用地等需要、市场信息和城市土地资源情况以及土地收购中心的开发能力，政府可以科学地预测不同时期土地市场需求量和土地出让计划，实现适时、适度调节市场的目的。

一般认为，在一定时期内土地收购中心开发能力是有限的，如果某一时段土地开发量超过计划出让量，应收购起来准备以后出让，此时制约土地收购量和时间的主要是土地开发与收购资金成本。在此情况下，政府可以利用动态规划的思想，结合不同时段市场需求和开发能力，寻求成本最低化。

③对于不同地块开发次序的经济分析。不同地块的区位特点和开发条件具有不同的特点，造成不同地块的社会需求和经济增值潜力不同，因此尽管土地的供给受诸多因素影响，但从经济学的角度来看，不同地块开发次序应综合考虑土地开发整理和收购资金成本、土地出让市值和土地增值潜力。土地增值潜力大的地块可以采用早开发、迟出让的策略，优先收购；土地增值潜力小的地块可以根据土地收购总体资金还贷需要，选择合适的开发时间，采取开发后及时出让的策略，保障不同时段土地收购资金流转的需要。

3.4.1.2 盘活存量土地、集约用地

①国家及地方的相关政策法规与要求。《国务院关于深化改革严格土地管理的决定》指出："实行强化节约和集约用地政策。建设用地要严格控制增量，积极盘活存量，把节约用地放在首位，重点在盘活存量上下功夫。严格控制建设占用耕地、林地、草原和湿地。开展对存量建设用地资源的普查，研究制定鼓励盘活存量的政策措施。"2004 年 6 月，在例行新闻发布会上，上海市政府发言人介绍了上海市政府对存量土地问题的态度：一是上海将进一步加强土地供应的调控力度，优先保证国家重点项目、市重大工程以及配套项目的用地，保证中低价商品房用地的合理供应量，控制房地产项目用地，重在"优化结构、控制总量、盘活存量"；二是对历年批准的用地土地进行全面清理，进一步摸清存量土地的底数分布和未开发的原因，采取督促开工、调整用地和收回闲置土地等措施进行处理和盘活，对

不同情况分别对待。2004 年 7 月，在上海市房地产行业协会成立大会上，上海市房地资源局副局长表示，要加大存量土地的消化力度，抓紧对经营性存量用地情况的调查摸底工作，在摸清底数的基础上分地区、分类采取新增用地计划与存量消化挂钩等措施，加快促进存量土地开发落实。

②盘活存量土地、集约用地的设想与建议。根据国家及上海市政府对强化节约和集约用地、盘活存量土地的相关政策及要求，可以明确今后一段时间内尽量盘活存量土地是土地供应的重要手段。我国土地利用效率较低，浪费现象较为严重，节约用地的潜力很大。解决土地供求矛盾，要着重在提高现有土地利用率上下功夫，把节约用地放在首位，严格控制建设用地增量，努力盘活土地存量。对此，本书提出以下设想和建议：

第一，切实抓好城镇存量建设用地的专项调查工作。全面查清城镇存量建设用地的基本情况，分析土地集约利用潜力，研究盘活存量建设用地的措施是进一步深化改革、加强土地利用保护的一项基础工作，也是我们做好土地收购、储备整理、出让工作的基础。我们应把城市建设用地的存量情况摸清楚，把问题搞清楚，把问题的原因分析清楚，针对存在的问题，提出解决的政策性意见和办法。2004 年 12 月 2 日，《国土资源部关于开展全国城镇存量建设用地情况专项调查工作的紧急通知》下发，该次调查直指全国城市、建制镇规划区范围内的存量建设用地，并着重锁定四个方面：城镇建设用地规划控制面积，闲置土地的权属、数量、用途、闲置时间等情况，空闲土地的权属、数量等情况，批而未供土地的现状、数量、用途等情况。我们可以借鉴该调查方法，针对各行政区域城镇存量建设土地展开专项调查，为土地收购工作的顺利有效开展打下坚实的基础。

第二，充分发挥土地储备作用，积极消化闲置土地。土地储备既要追求增加有效耕地面积，实现总量动态平衡的战略目标，又要以有利于改进农业生产条件、改善生态环境、提高土地生产能力为基本要求，满足土地利用总体规划对土地利用的安排，实现经济效益、社会效益、生态效益的统一。此外，土地整理还要遵循市场规律，重视市场机制的调控作用，充分调动各方面的积极性，以确保土地储备的顺利开展。在土地储备的实施过程中，我们可以采用以下具体措施：

行政措施：各级政府要加强领导，规范管理。各级政府应由主要领导负责，建立土地开发储备领导小组，设立土地储备中心，统筹地方土地开发储备事务。城市政府应建立土地开发储备领导责任制，将土地储备的任务分解到乡、村、社，层层建立责任制，根据土地开发储备年度实施计划安排，定期对有关单位、部门及领导干部进行考评。

各区、县应对已完成的土地开发储备规划,尤其是规划项目,进行认真的复核和修正,使之与全市的土地开发储备规划相衔接。政府应对项目实行目标管理责任制,将规划的各项建设项目分解到实施项目的单位或个人,明确主、辅和合作关系以及相应的权、责、利,签订好责任书或合同,并进行年度评审,严格把关,保证土地开发储备的质量。土地储备要搞好宣传,发动群众,得到广大群众的理解和支持,并让他们自愿参与其中,推动土地储备工作。政府通过宣传,使群众明白土地储备能给自己带来好处,逐步转变落后观念,以降低土地开发储备的成本。

经济措施:土地开发储备应按"谁受益,谁负担"的原则,多方筹措资金。土地开发储备资金由土地所有者和土地使用者共同负担,建立多渠道、多形式、多层次的投资体系,在政府投资的同时调动农民和经济实体投资的积极性。

提供税收、信贷、财政优惠。政府应明确规定对新开发的耕地实行3~5年内税收优惠。农户或公司进行土地开发储备,政府可以发放无息或低息贷款。

建立土地开发储备奖惩制度。上年度完成土地开发储备计划建设任务的,开发储备项目建设质量好或成绩显著的地区、单位和个人应被表彰和奖励。没有完成年度土地开发储备计划建设任务的,或者不按规划要求开展土地开发储备工作的,政府在安排下年度项目建设计划、资金时应对其予以控制。出现挪用资金的情况,政府应依照有关规定追究相关领导及当事人的行政责任,直至追究法律责任。

建立土地开发储备专项资金。政府应将新增建设用地有偿使用费、耕地开发费、土地复垦费、土地荒芜费和农业重点开发建设资金、耕地占用税、土地出让金等用于土地开发储备的部分资金集中起来,作为固定的基金来源。

法律措施:建立、完善相关法规政策体系。政府应依照《中华人民共和国土地管理法》的相关要求,制定土地开发储备的有关政策、相应的实施办法和管理办法等,使土地开发储备切实做到有法可依、有章可循。

严格执法。在实施土地开发储备的过程中,对表现好者要按规定给予表彰和经济奖励,对违规者应予以严肃查处,切实落实耕地"占补平衡"的法律规定,在农用地转用、征用审批过程中要严格把关。

正确处理土地开发储备中的权属问题。土地开发储备涉及土地所有权、使用权、承包经营权和土地承包权等多种权利,凡是发生土地类型变化和权属界线需要调整的地方,土地和农业行政主管部门要及时做好相应的变更和调整工作，要在工程启动之前做好权属调整方案，确保土地开发储备工作顺利进行。

技术措施：土地储备实施过程中应重视农田生态建设，结合小流域治理，实施退耕还林工程、坡改梯工程，进行田、水、路、林、村综合整治，不断改善农业生态环境。

建立土地开发储备数据库。政府应在整个土地开发储备规划的基础上，建立土地后备资源数据库、土地开发储备项目备选库、土地开发储备项目数据库和耕地占补平衡指标库，以便对项目的立项、实施以及耕地占补平衡指标进行管理。

引进、推广先进技术。政府应充分利用现代化科技手段，加强土地开发储备的动态监测，降低土地开发储备的成本，提高效率，不断增加土地开发储备的综合效益。

第三，盘活土地资产，助推企业改制。全面加快土地的市场化建设进程，加大国有土地招标、拍卖、挂牌出让的力度，在各级地方政府强有力的政策措施推动下，积极支持并帮助改制企业盘活存量土地资产，不仅为企业的改制与发展解决了资金难题，而且稳定了职工的心和社会发展大局。政府应积极帮助改制企业盘活土地资产，大力推行"以地救企""活地兴企"工程，有效增加国有土地的资产收益。企业普遍具有占地面积大、土地效益低、占地区位好等特点，存量土地的潜力巨大。在今后一段时期内，政府应将盘活城市存量土地的部分重点放在企业用地上。借鉴一部分改制企业"以地救企""活地兴企"的成功经验，在地方政府及相关部门的政策措施推动下，采取土地置换、临时利用、依法收回、租赁、作价入股等方式，灵活处理企业的土地资产，可以充分显化土地价值，为企业的继续生存与再次发展筹措必备的资金。

此外，旧城改造中的存量土地开发、城市新城区的建设、商业地产的复苏、住宅消费市场的潜在需求等，都需要实力品牌开发商的及时介入，这就为外地开发商、投资商进入本地市场提供了种种契机。

3.4.2 正确选择土地收购价格评估方法

正确选择土地收购价格评估方法是土地收购价格评估的关键。根据《城镇土地估价规程》的规定，通行的估价方法有以下几种：

3.4.2.1 市场比较法

市场比较法是土地收购价格评估的首选方法。由于市场比较法模拟了市场价格的形成过程，因此反映出的评估价格最为直观，也最容易为当事人所信服。从用途上分析，一般商业用地、住宅用地交易价格市场化程度比较高，宜采用市场比较法；工业用途的土地由于流动性相对较差，类似交易较少，不适宜采用市场比较法进行评估。在某些市场经济不发达地区，由于市场透明度不高，市场比较法也难以被应用。

3.4.2.2　基准地价系数修正法

基准地价是政府公布的不同级别、不同均质土地的区域平均价格，具有很强的指导意义。基准地价系数修正法是土地收购价格特别是多宗土地价格评估较为方便的方法之一。但是也有其局限性：因为基准地价反映的是其评估基准日的地价水平，随着时间的推移、社会经济的发展，城市基础设施、区域环境以及土地市场都会发生变化，城市地价会发生很大的变化，当时的评估基准地价难以跟上市场的变化。因此，若基准地价的评估基准日同土地收购评估基准日不一致，则应根据与基准地价测算部门发布的口径相一致的地价指数进行交易日期修正，最后测算出比较准确的、当前的地价水平。

3.4.2.3　收益还原法

收益还原法主要适用于有收益或潜在收益的土地或房地产评估。土地二、三级市场上单纯出租土地的情况较少，租金难以取得。根据贡献原则，土地收购评估中更多的是采用房地综合收益扣除建筑物所产生的收益，最终测算出土地收益，从而还原出土地使用权价格。

3.4.2.4　剩余法

在土地收购价格评估中，多数土地带有地上建筑物，也可能会出现停建、缓建工程，这时就必须运用剩余法，即先测算该工程续建后的价值，扣除续建至工程完工并能正常使用应投入的费用，最终测算出工程的价值。由于剩余法需要预测项目建成后的价值，因此在进行土地收购价格评估时，一般应结合其他方法共同使用，而不应单独使用。

3.4.2.5　成本逼近法

成本逼近法一般用于新开发土地或土地市场欠发育、交易实例较少的地区。在土地收购价格评估过程中，成本逼近法一般用于农业集体用地、工业用地的收购价格评估。成本逼近法是建立在生产费用价值论的基础上的。根据生产费用价值论，卖方出售土地的价格不应低于其取得土地的费用及其对地上部分追加的投资，否则卖方是不会出售的。生产费用价值论考虑的是卖方的感受，未考虑市场行情及买方心理，因此运用成本逼近法评估时，有可能不利于土地收购方。由于土地收购是政府为了城市建设与发展而采取的一种特殊的行政行为，因此在土地收购价格评估中，成本逼近法有时也是适宜的。

在这几种方法中，不同用途的土地适用的方法不同。例如，商业用地主要适用收益还原法、市场比较法、基准地价系数修正法；住宅用地主要适用基准地价系数修正法、市场比较法；工业用地主要适用基准地价系数修正法、成本逼近法。按照评估原则与估价方法相一致的要求，首先应重点选用市场比较法。因为市场比较法充分考虑了在估价基准日的近期市场上类似房地产的交易行情、市场承受能力，其测算的价格具有现实性，容易为买卖双方所认同和接受。值得注意的是，从土地收购价格的成本构成来看，出让土地收购价格的评估是我们平常所说的完全地价的评估，而划拨土地收购价格的评估是不完全地价的评估，它不包含土地出让金。因此，评估划拨土地收购价格应首先假定为出让土地收购价格评估，得出完全地价后，再减去该宗地应缴纳的出让金。该出让金可以通过调查同一供需情况、同一级别、同种用途宗地的出让金比较修正得到。

土地收购补偿价格的内涵应是与原土地使用者对被收购土地拥有的权利状况相一致的某一具体权利状态下的价格，即对应土地原用途相应权利状态的价格，不能以收购的未来预期用途和权利状况来确定收购价格。价格内涵构成中不应包括土地发展权价格及地上建筑物补偿费、职工或住户安置费、企业异地经营建设费等费用。征收价格的评估应以此为原则确定评估思路，以有评估资格的地价评估机构评估结果为依据，不能采取政府定价的方式。需要补充说明的是，土地收购补偿价格中不包括地上建筑物补偿费、职工或住户安置费、企业异地经营建设费等费用，不等于政府在实施城市土地收购储备制度过程中就不考虑这些费用的合理补偿。特别是当收购价格不足以弥补原土地使用收购过程的经济损失时，政府应当建立一条合适的渠道，给予企业价格以外的补偿。资金来源可以是被收购土地出让后的剩余收益（主要是土地所有权收益和土地发展权增值收益），但在程序上应先将收购土地出让后的剩余收益上缴财政，再由财政向被征收对象支付安置补助费，将安置补助费纳入财政支出的范畴。明确这种补偿与征收价格无关，属于财政补贴的范畴，这样从根本上将土地收购价格与收购中的有关安置补偿费区分开，使得土地收购价格的内涵更加清晰，有利于科学地确定土地收购价格，保证城市土地收购储备制度的顺利实施。

3.4.3 完善多种征地补偿方式

征地补偿方式在一定意义上反映了补偿程度。我国征地补偿方式以货币补偿为主，辅之以其他手段，如土地置换（也称替代地补偿，是指以国有宜农土地作为替代地补偿农民，解决其就业问题）、留地补偿（在征地时，为了保障被征地后农民的生产、生活，支持被征地的农村集体经济组织和村民从事生产经营活动所安排的建设用地）、安排就业等方式。

补偿方式应以货币补偿为主，其他补偿方式为辅。其他补偿方式主要如下：一是征地补偿费入股方式。这种补偿方式是指在农民个人和土地所有者愿意的前提下，将部分或全部征地补偿费入股，集体经济组织和农民个人作为股东参与用地单位的生产经营，享受经营利润并承担风险，其收入按股份合作制企业分配办法分配。二是社会保险方式。这种补偿方式是指经农民本人申请，土地上管部门可以将农民个人应得征地补偿费部分全部缴纳社会保险，由社会保险机构按有关规定办理医疗、养老等各种保险。浙江的嘉兴、江苏的苏州等地就将土地补偿费中的一部分为农民办理养老与医疗保险，这种方式使农民放心，又扩大了政府的社会保障网。三是留地方式。这种补偿方式是指为保障征地后农民的生活、生产，在征收土地的同时按规划划定部分土地给被征地农村集体经济组织，用于产业发展。经济发达地区或城乡接合部根据城镇建设规划，在规定区域按照规定用途划出一块土地给被征地的农村集体经济组织，从事开发经营，发展生产。四是债券或股权补偿方式。这种补偿方式是指在农村金融或信用较好的地区，在征得农民个人和集体同意的前提下，采用发行土地债券的办法进行补偿。五是住房补偿方式。这种方式尤其是对城乡接合部农民和城市居民，在本人愿意的前提下，可以用城市住房补偿。六是风险共担、土地入股方式。参照上海的经验，政府可以用集体土地使用权参与基础设施建设和经营，这样从长期保护了集体土地所有者的土地权益，又在当地征地安置比例增高、安置补偿标准逐年上涨的背景下降低了安置难度，同时还缓解了政府在征地过程中一次性投入巨额资金的压力，降低了政府投资基础设施建设的门槛。

被征地农民补偿方式的选择应根据当地的经济发展状况（如经济是否较发达、能否较多地吸收劳动力等）和集体经济组织的具体情况（如是否处于城乡接合部、是否成建制地"农转非"、是否实行了集体资产的股份化等）而确定。此外，各地还应通过时间探索在各种补偿方式中，哪些具体方式可以最大限度地保护集体经济组织和农民的合法权益。例如，在社会保险方式中，哪些险种最适合妥善安置被征地农民；又如，在地价款入股安置中，对哪些类型的企业入股可以保证集体经济组织和农民个人所承担的风险最小，是集体资产入股合适还是农民个人资产入股合适，是全部入股还是部分入股以及入股的最佳比例，等等。各地对被征用、被购买土地的城市居民应充分考虑其住房和就业问题，确保其生活质量不下降。

为了构建完善的征地补偿机制，我国需要在征地补偿安置方式多样化的基础上实现征地补偿安置方式的市场化。特别是在我国加入世界贸易组织和建设社会主义新农村的大背景下，我国征地制度应该逐步与国际接轨，借鉴国外经验，以土地征用时的市场价格为基础，以等价交换为原则，扩大补偿范围，提高补偿标准，健全征地程序，让被征地集体和农民更多地参与征地过程，并享有知情权与协商权，获得土地的正常市场价值。一般来讲，土地补偿费可以参考土地被征用时的市场价格，同时扩大补偿范围。土地征用既应对直接损失给予补偿，又应对间接损失给予补偿，还应适当考虑土地可预见的增值部分。只有积极构建以市场价格为基础的征地补偿机制，才能更好地保障被征地农民的合法权益；通过市场机制的作用，促进土地的集约、高效、协调利用。

从长远来看，征地补偿安置方式应该实现社会化。一方面，随着我国经济和社会的发展，征地行为将越来越普遍；另一方面，只有以社会化的方式进行征地补偿安置，才能长久地解决失地农民问题。政府应该采取积极的措施，支持失地农民再就业。政府可以考虑提供就业培训，给予税收优惠政策，支持失地农民自主创业；可以考虑创办农产品深加工型、劳动密集型、服务型中小企业，吸纳失地农民就业；可以考虑组建农工商公司、建筑公司、运输公司、园林公司、物业管理公司等，支持失地农民参与城市建设和各类开发区建设；可以考虑鼓励失地农民以征地补偿安置费用入股，进行项目开发、城市基础设施、公用事业、工商业等产业投资，按照出资额进行分红，获得持久收益。只有以失地农民的切身利益为出发点和落脚点，才能从根本上解决失地农民问题，统筹城乡发展，实现共同富裕。

3.5 本章小结

本章首先提出了土地收购的概念，土地收购是指根据城市政府授权和土地储备计划，土地储备中心购买或收回市区范围内国有土地使用权的活动。我国土地收购的工作程序分为申请收购、权属核查、征询意见、费用测算、方案报批、签订合同、收购补偿、权属变更、交付土地。本章进而对土地收购现状做了简要分析。现阶段，收购可以界定为土地征用、土地收回、土地购买、土地置换四种形式。本章指出了土地收购中存在的问题，包括土地收购价格内涵界定不明确、土地收购的寻租问题、征地补偿形式单一、补偿内容不合理等。针对存在的问题，本章运用博弈的方法对各个利益群体进行了分析。一个城市的可征地范围不是无限制扩张的，本届政府征用过多的土地，则下一届以至以后各届政府的土地征用都会受到影响，进而在地方政府土地收益关系方面、在地方政府财政收入方面都会存在不同程度的影响。土地收购储备机构和农村集体之间也存在着博弈。在宏观方面，一个地方农村集体的土地被征用，另一个地方农村集体则可以根据这个地方土地征用中的收益决定其是否在将来愿意被征地，还可以选择暗中与土地开发商交易。同时，本章针对土地收购价格的内涵和土地征地补偿进行了理性分析，最后得出了一些方法和建议。为了规避土地寻租行为，可以从两个方面入手：一是继续实行土地占补平衡政策，严格节约用地制度，确定合理的土地收购规模。政府要加强对土地收购储备的管理，避免因"圈而不用""储而不用"的现象而造成更大的土地资源浪费。二是集约用地，盘活存量土地。土地收购储备必须能明显地增加耕地面积，能为地方经济发展提供用地条件。土地收购从根本上来讲是要把土地组织好，造就最佳的用地布局和最有效的土地利用运行空间，最终提高土地的产出能力，提高土地的利用效率。当前利益和长远利益应当有机结合，并贯穿土地整理发展战略的始终。政府应确定合理的土地收购价格，实行多种征地补偿方式；积极推进征地拆迁制度改革，平衡各类项目征地补偿标准；完善房屋拆迁政策体系；突破现行的土地补偿费使用原则，提取相应比例用于农民安置；拓宽思路，对部分特殊用地试行以租代征制度；明确土地收购价格，选用适宜的土地收购价格评估方法。

4　土地储备运行机制中的土地储备

进入土地储备体系的土地在出让给新的土地使用单位以前，由土地储备中心负责组织前期开发和经营管理。前期开发包括地上建筑物和附属物的拆迁与土地平整等。经营管理是指在储备土地预出让或招标拍卖前，土地储备中心可以依法将储备土地的使用权单独或连同地上建筑物出租、抵押或临时改变用途，以防止土地闲置或浪费。这就是土地储备运行机制中的土地储备。

4.1　我国土地储备的现状

在土地储备阶段的开发利用过程中，土地储备中心应与其他国有土地使用单位一样，遵守土地利用的有关法律、法规和规章制度。涉及土地使用权单独或连同地上建筑物出租、抵押、临时改变用途以及地上建筑物和附属物拆迁的，城市土地储备中心持有关用地批准文件及国有土地使用权收购合同，依法到有关部门办理审批或登记手续。

4.1.1　土地储备方式

实施土地储备制度，政府无偿收回的土地，可以直接进入土地储备库。需要政府收购储备或征用储备的土地，可以采用以下三种方式予以储备：

一是直接利用土地储备基金，收购、征用土地进行储备的方式。

二是以贷款担保的方式收购、征用并予以储备。土地储备中心与被收购、征用土地的单位签订协议，商定收购、征用土地的价格。土地储备中心担保，由被收购、征用土地的单位到金融机构贷款，所贷款项可用于被收购征用土地的单位的厂区移建或生产经营等，还可用于被收购、征用土地的单位的安置补偿、土地补偿等。土地储备中心对所储备土地实施开发整理，并予以招标拍卖，从收入中支付所商定的价格，用于被收购、征用土地的单位还贷，同时撤销贷款担保。

三是以赊账方式购买、征用土地并予以储备。土地储备中心与被收购、征用土地的单位协商，采用赊账的方式将土地纳入储备库，在该土地招标拍卖之后，将全部所得扣除应缴的税费，全额结算给被收购、征用土地的单位。

在上述三种方式中，前两种方式虽然必须提前支付收购、征用土地价款，但是其带给土地储备机构的收益较大；第三种方式虽然不需要提前支付收购、征用土地价款，但是土地储备机构的垄断收益却不能得到充分体现。在具体的操作实践中，视具体情况，这三种方式可以交替使用或选择性使用，有计划地实施前期开发和土地招标拍卖。

4.1.2 土地储备机构

土地收购储备机构设置的模式有两种：一种是单一结构，土地储备机构隶属土地管理部门；另一种是双结构，即土地收购储备委员会和土地收购储备机构，土地收购储备委员会由政府设立，成员由土地、财政、计划、规划等部门组成，任务是协调收购、储备、出让的政策，土地储备机构隶属于土地管理部门，接受收购储备委员会的领导和监督。单一结构的运行由于缺少体制和制度的保障，在运行中存在很多困难。双结构的运行比较顺利，但尚需在工作运行上给予制度保障。我们认为，双结构模式比较可取，理想的模式是双结构加制度保证。

杭州土地储备机构设置实行双结构模式，即分层次两级管理模式。土地收购储备管理委员会是政府土地储备体系的决策机构，由分管城市建设的副市长和副秘书长担任领导，成员包括计划、经济、财税、城建、规划、房屋管理、土地管理等职能部门的负责人。其主要职责是研究制定有关土地收购、储备和供应的规章制度和政策；审查批准土地储备中心的工作计划和重要的土地收购、储备和供应项目；协调有关职能部门之间的关系；对土地储备中心的工作进行指导和监管。

土地储备中心是土地储备体系的执行机构，经政府授权，在土地收购储备管理委员会的领导下，具体实施土地收购、储备以及供应的前期准备工作。其主要职责是根据土地利用总体规划、城市规划和土地市场需求，制订收购储备计划，适时收购储备土地；对实施"优二兴三"和企业改制的存量土地进行收购；经营和管理政府依法收回的违法用地、闲置抛荒土地和无主土地，并纳入土地储备体系；对收购储备的土地进行拆迁、整理和出让前的合理利用；对收购储备土地的组织预出让；筹集、运作和管理土地收购、储备和预出让资金。

4.1.3　土地储备基金

①资金在土地储备机制中具有重要作用。资金和土地是土地储备机制运作中的两大基本要素。土地储备过程既是土地的流转过程，也是资金的循环过程。在实际运作中，没有大额资金加以支撑和驱动，土地储备是难以有效运作的。

可以说，资金是土地储备机制建立、发展和顺利运营的首要因素。土地储备机制的运作过程，就是资金不断投入、不断产出和再投入的过程，也就是土地资本运营的过程，是经营城市的过程。

②单一的筹资方式不利于土地储备发展。在实践中，土地储备的运作资金主要通过银行贷款解决。这种单一的融资渠道虽然能满足土地储备机制发展初期的需要，但是实际上尚未形成有效的资金筹措机制，而且存在较大的风险。

通过银行贷款的筹资方式存在以下不足：

一是银行贷款的期限与储备土地的运营周期不配套，银行贷款周期短，一般为半年到一年，而储备土地的运营周期一般为2~5年。

二是银行贷款的金额较小，难以满足土地收购、旧城改造大量资金投入的需要。

三是银行贷款的资金成本相对较高。随着宏观经济形势的变化，银行一旦提高利率，储备土地的运作成本将大幅度增加。

四是银行贷款来源不够稳定，受金融政策和经济环境的影响较大，而土地收购需要较为稳定的资金来源，以确保对土地收购整理的投入。

特别是统一收购政策落实后，客观上要求政府对需要盘活的土地实施敞开收购，单单依靠银行贷款难以满足敞开收购对资金的需求。同时，因为土地收益分配缺少制度上的保障，所以土地储备机构想通过自身的运营积累足够的自有资金难度较大。杭州的土地储备机制是政府主导型的土地储备机制，因此土地出让后，在土地开发成本部分的收益分配上，政府具有很大的支配权。土地储备机制的收益分配途径有以下几种：

一是注入企业，支持企业发展。

二是以付息方式流入银行。

三是用于住宅小区配套及公共设施建设。

四是作为土地储备中心的收益充实资本金。

政府在分配土地开发成本部分收益时首先应考虑支持企业改制、职工安置分流所需的资金，在银行利息和公共设施费用不能减少的情况下，只能减少土地储备中心应得的增值收益。土地储备中心在没有充足收益充实资本金的情况下，所需资金只能通过单一的银行贷款解决。在贷款过程中，银行虽然给予了大力的支持，但因银行本身放贷额度的限制，往往不能满足土地储备中心运作的资金需要。无法及时、足额地发放贷款在一定程度上影响了土地储备中心的正常运作。这种单一融资渠道的缺点开始逐步显现。

③建立土地储备基金的必要性。可以说，土地储备是投入大、产出更大的事业，因为土地是一种稀缺的、不可再生的资源，特别是在沿海经济发达地区，人多地少，经济增长迅猛，土地需求旺盛，并且城市基础设施日趋完善，政府储备了土地就是储备了巨额资产。社会、经济发展等因素导致的土地增值在土地收购、储备、出让的过程中得以量化、实现，并真正为社会公共利益的代表——政府所掌握。

土地收购储备整理，没有大额的资金不行，没有银行的贷款不行，没有自己的基金更不行。土地储备机构只有掌握充足的资金，才能实现土地统一整理，才能垄断土地一级市场，才能将土地招标、拍卖继续深入开展下去，才能实现可观的土地收益。由于土地储备整理需要时间和资金，并且所需的资金量大、时间长，周期短、额度小的商业银行贷款显然难以满足这个需求。因此，建立土地储备基金是十分必要的，也是非常迫切的。

4.1.4 土地储备整治

土地储备整治按照谁储备、谁整治的原则，由相应的土地储备整治机构实施。列入国有土地储备计划或经有批准权的人民政府批准纳入储备范围的土地，规划行政主管部门应及时组织编制控制性详细规划，划定规划红线，按相关程序报审批机构批准后抄送同级人民政府土地行政主管部门，由相应的土地储备整治机构组织实施土地整治。

土地储备整治机构应根据国有土地储备计划、控制性详细规划、地产市场供需状况，组织有关工程施工单位完成场地平整、道路铺设等前期开发工作。对重大的土地储备项目，土地储备整治机构应以招投标方式确定整治工程施工单位。土地储备整治机构应当与工程施工单位签订整治工程施工书面合同。

纳入储备范围的土地的地上建（构）筑物及其他设施需要拆迁的，由土地储备整治机构作为拆迁申请人，持市或区县土地行政主管部门核发的土地储备批准书、拆迁计划和补偿安置方案以及办理存款业务的金融机构出具的拆迁补偿安置专项资金证明向房屋拆迁行政主管部门申请办理房屋拆迁许可证，依法实施拆迁。

土地整治工程竣工后，由有国有土地使用权出让审批权的人民政府所属的土地行政主管部门组织验收，经验收合格，按供地计划依法组织出让。土地整治工程应符合控制性详细规划，达到水、电、气、路畅通和场地平整等要求。土地整治工程验收标准，由城市土地行政主管部门会同规划、建设行政主管部门制定。

4.2　土地储备中存在的问题

4.2.1　土地储备中的寻租问题

《中华人民共和国宪法》第十条规定："城市的土地属于国家所有。"但是，城市政府在土地资源配置和土地利益分配的问题上，有强烈的追求地方经济利益的趋向。当国家利益与地方利益有所冲突时，地方政府必然要竭力维护地方利益，从而导致地方政府与中央政府之间寻租行为出现。个别地方政府为了减少中央分享的实际比例，想方设法缩小或匿报出让收入。其或者是以"实物地租"代替土地出让金，或者减少出让金所包含的费用项目另外征收其他费用，或者继续延用土地划拨方式但另征收费用。总之，地方政府针对中央政府的出让收入分享制度，展开了各式各样的利益争夺活动。土地储备机构内部的寻租行为不仅存在于地方政府与中央政府之间，而且存在于政府各部门之间。这种寻租行为多表现为越权批地、多头批地。尽管国家有明文规定，土地供应统一由土地管理部门实施，但在巨大的利益驱动下，政府的某些部门置国家利益于不顾，于是发生了越权批地、横向多部门批地的寻租现象。在收取补交的土地出让金时，一些地区的土地管理部门和房屋管理部门各自为政，制定不同的标准，甚至对土地交易者多重收费，致使土地市场更加混乱。由于缺乏有效的约束机制，极个别政府官员在出让土地时凭借自己的权力谋取高额"回报"，以国家利益的流失换取个人的非法利益。

4.2.2　土地储备机制的法律支撑条件不完善

城市土地收购储备制度作为中国特色社会主义市场经济体制的制度创新之一，实施过程牵涉多方利益的调整，没有法律法规去规范、保障这种利益的调整，仅靠协商很容易导致运作过程、利益分配非规范化，从而导致城市土地收购储备制度实现社会经济目标的不确定性。与城市土地储备制度有关的法律、法规主要有《中华人民共和国土地管理法》《中华人民共和国城市房地产管理法》《中华人民共和国城镇国有土地使用权出让和转让暂行条例》《闲置土地处置办法》和《国务院关于加强国有土地资产管理的通知》等。对土地收购储备的规定分散于各部法律法规之中，有关土地收购储备的规定不成体系，不能从全局上、宏观上为城市土地储备事业提供充分的法律依据。由于缺乏全国统一的土地收购储备方面的法规制度，各地基本上是按当地政府的规定操作的。各地制定的有关土地收购储备的各种实施办法、规定、通知、意见等种类繁多，缺乏统一性，不利于维护法律的严肃性。同时，这些约束性文件不具有较强的法律效力，影响了执行的力度。

4.2.3　土地储备机构的定位不明确，部门之间缺少合作

政府以追求社会公平，实现经济效益、社会效益和生态效益的有机统一及综合效益最大化为目标，而市场以提高资源配置效率、追求利润最大化为目标，土地储备机构很难同时扮演好这两个重要的角色。我国法律法规对城市土地储备机构的职能定位尚未有一个明确的规定，致使在实践中各地城市土地储备机构的性质、形式、职能并不一致，业务也就难以在法律法规的规范下开展。一些城市将城市土地储备机构冠以"公司"形式，这就产生了一个经济学上的"两难问题"。如果城市土地储备机构被定位为事业单位，则不能从金融市场获得融资，也就无法筹集到土地经营所需的大量资金，显然影响城市土地储备制度功能的发挥；如果城市土地储备机构被定位为法人性质的公司，则必须受到《中华人民共和国公司法》的规范，但其所承担的职能显然已经超出《中华人民共和国公司法》调节的范

围。我国加入世界贸易组织之后，以公司形式出现的城市土地储备机构如果要长期垄断土地一级市场，则必然对市场主体平等原则构成严重挑战。

实施土地储备机制是一个综合性的系统工程，在整个运作过程中，必须得到规划、计划、建设、财政、土地等许多政府职能部门的支持和配合，部门之间的配合如何直接关系到土地的运作成本。因此，对于政府部门来说，如果不转变观念，仍按照以前不考虑成本的行政审批模式来运作，就会使土地储备成本增加。在我国绝大部分城市中，政府的机构设置中，规划与土地部门往往分设，计划、财政等部门更不在一个系统，一旦部门之间不能很好地衔接，就会影响土地的推出和资金的回笼。可以假设政府储备土地后，一旦规划条件不能及时明确，土地就无法推出，土地储备时间越长，政府的损失就越大，甚至还可能出现由于储备时间过长而土地储备成本高于土地出让的实际收益的情况。同样，资金运作离不开财政的支持。从目前已有城市土地储备资金周转趋缓的原因来看，主要不是市场需求影响，而是政府部门之间的衔接和配合的效率与土地储备运作不同步。减少和优化土地储备的运作环节，有助于降低资金运作成本。政府部门之间如何形成一个相互支持、协同运作的工作机制是一个十分重要的问题。

4.2.4　土地储备存在的融资问题

土地储备过程从表面上看是土地流转的过程，实际上是资金循环的过程。资金的时间价值是一项很大的运作成本，而且一旦巨额资金收购大量土地且远超过土地市场需求时，将造成大量资金沉淀，形成不良资产，给土地收购储备机构、城市政府以及金融机构带来沉重的负担。就目前用于土地储备的资金的来源看，其以银行贷款为主，以财政资金投入为辅。由于政府管理职能涉及面广，可以提供给土地储备机构的资金非常有限，用于土地储备的资金实际上主要来自银行借贷。即使有些地方成立了土地基金，借助基金投资经营土地，实际上也是一种依靠借贷资金的筹资模式。由于资金使用期限的限制，随着经济发展形势的变化及利率的变动，借贷资金比例过高，资金运用的风险较大。大部分城市遇到的一个重要问题就是随着土地收购规模的扩大，大量资金沉淀在土地上，到期向银行还本付息的压力很大，直接影响到未来土地储备业务的开展。一旦资金运转出现危机，会遭受严重的经济损失。总体讲，以银行贷款为主的融资方式所存的缺陷，难以确保土地储备制度社会经济目标的实现，增加了土地收购资金运行的风险。这种较为传统的融资方式不利于形成一个稳定有效的资金筹措机制，在实践运行过程中面临众多问题。融资渠道较为单一，政府财政资金与储备机构自筹资金在整个资金来源结构中所占份额过小，资金负担过多地倾向于金融机构贷款。不仅如此，土地储备的融资成本较大、期限较短。虽然近年来几经降息，但由于城市土地储备资金贷款额度巨大，融资利息总支出高，增加了收购储备的财务成本。商业银行的房地产贷款一般期限较短，但城市土地的收购储备期较长，要求占用资金的时间较长，这一矛盾很容易造成土地储备机构整体资金周转困难乃至中断，进而影响到城市土地储备制度的正常运行。同时，融资风险高也是土地储备过程中不容忽视的问题。城市土地储备融资过程中客观存在着各种各样的风险：一是财务利息风险，包括过量抵押产生的利息，减少收购可能造成积压的土地利息和收购周期长产生的利息等；二是经营风险，主要有银行贷款余额与储备土地之间比例过高、相关参与者的欺诈违约、经营者管理不善等因素带来的风险；三是环境风险，如相关法律制度不健全、地区经济发展水平不均衡、周边自然环境及资源条件多变等引起的外部性风险；四是廉政风险，如个别政府官员的寻租行为、贪污腐败和"灰色交易"等导致的风险。

4.3 土地储备分析

上一章对在土地收购的实施过程中出现的不同届地方政府之间、地方政府与农村集体之间这两个方面进行了博弈分析，本章的研究同样存在着不同的利益群体，下面就在土地储备过程中的上下级政府（中央政府与地方政府）进行博弈和激励机制模型加以分析。

4.3.1 中央政府和地方政府的博弈分析：土地收益分配

中央政府和地方政府之间存在着土地收益分配博弈。我国法律规定，在土地流转过程中，国家是土地的所有者，由国务院代表行使土地所有权；在具体的土地使用权出让过程中，地方政府是执行者，负责收缴土地出让金、土地增值收益等。各级政府在土地流转中依法直接对城镇土地实行管理，但并非国有土地的所有权代表。然而，在实际的流转过程中，某些地方政府有可能从各自管理的需要或利益角度出发，对自己可以实际控制的土地及若干权利进行直接和间接的管理，从而表现为地方政府"所有"。因此，中央政府和地方政府之间关于国有土地产权关系虽有明文规定，但地方政府对国有土地的实际控制则形成了事实上的地方政府"所有"，实际上这两者之间没有满意可行的土地产权的划分和界定。这一状况在经济关系上则表现为上下级政府在土地资产上的事权、财权模糊不清，演化出上下级政府之间的权利之争或"讨价还价"，对土地收益分配等经济关系问题产生了直接影响。这种土地收益在中央政府和地方政府之间分配不平衡，引起的最大问题是由于受利益驱动的影响，地方政府往往只考虑本地区利益和短期（往往短到本届政府任期）利益，低价、大量出让土地，甚至不同地区之间竞相压低地价，进行恶性竞争，引发土地利用不合理，扰乱正常的土地市场秩序。

实践表明，在具体的执行过程中，由于在出让过程中出让金收入在国家和地方政府之间的分配比例缺少一些必要的依据，因此在流转过程中存在着一定的实施难度。原因是地方政府可能不满意中央政府确定的国有土地使用权出让收益的分享制度。有些地方政府为了减少中央政府分享的实际比例，想方设法缩小或匿报出让收入。中央政府与地方政府在土地收益分配关系中，尤其是土地出让金收益分配比例问题上存在着经济利益冲突。

本书利用博弈论的分析思路简要分析中央政府（参与人1）与地方政府（参与人2）在土地收益分配上的博弈关系。中央政府与地方政府之间在进行土地收益分配时，虽然有法律法规条文作为依据，但由于地方政府存在"追求自身利益（效用）最大化"的积极性，这就决定了中央政府与地方政府之间实际上不存在一个有"约束力的协议"，即两者之间是非合作博弈。中央政府与地方政府存在着行动的先后顺序和信息的非对称性，因此两者之间的博弈关系类型为不完全信息动态博弈，所要达到的均衡为精炼贝叶斯纳什均衡。

中央政府的策略空间为：按比例征收土地出让金（扩大征收比例、降低征收比例）和改征新增建设用地有偿使用费。当中央政府扩大土地出让金征收比例时，其土地收益增加；反之，土地收益降低（毕继业，2003）。改征新增建设用地有偿使用费是实践中政府在征收土地出让金效果不明显后的又一措施。相对征收土地出让金，视征收比例情况才能确定使得政府土地收益是否增加征收比例会在一定程度上考虑征收土地出让金时地方政府的博弈行为，因此中央政府制定征收比例不会过于偏向自己。

地方政府的策略空间为：按比例缴纳土地出让金（降低缴纳比例、扩大缴纳比例）和缴纳新增建设用地有偿使用费。当地方政府降低土地出让金缴纳比例时，其土地收益增加；反之，其土地收益降低。当中央政府改征新增建设用地有偿使用费时，由于中央政府具有绝对的审批权和备案权，地方政府只能被动地接受中央政府制定的征收比例，但是中央政府在此过程中不单纯只考虑自身的利益，也考虑地方政府的土地收益，因此地方政府缴纳的比例不会过于非理性。

表 4-1　中央政府与地方政府的土地收益分配博弈矩阵

参与人 1——中央政府		参与人 2——地方政府		
		按比例缴纳土地出让金		缴纳新增建设用地有偿使用费
		降低缴纳比例	扩大缴纳比例	
按比例征收土地出让金	扩大征收比例	（策略组合 A）	（策略组合 B）	
	降低征收比例	（策略组合 C）	（策略组合 D）	
改征新增建设用地有偿使用费				策略组合 E

在策略组合 A 中，中央政府可能先采取"扩大征收比例"的行动，地方政府随后可能采取"降低缴纳比例"的行动来促进自身收益增加，双方对抗最激烈，其社会负外部性也是博弈策略矩阵中最大的。因为中央政府为增加收益扩大比例，必须花费巨大的成本来监督地方政府，而地方政府为增加收益也可能花费成本来采取隐瞒措施，所以这种策略行动造成了社会福利的巨大损失。从客观意义上讲，这种结果反映的是中央政府和地方政府之间的强烈对立竞争，最终会造成两败俱伤。

在策略组合 B 中，中央政府可能先采取"扩大征收比例"的行动，地方政府随后可能采取"扩大缴纳比例"的行动。此时，中央政府采取强硬性的预先行动，表明中央政府对地方政府降低自身收益的妥协性行动有充足的预知。在这种情况下，中央政府需要采取强大的监督行动并需要支付巨大的监督成本，因为中央政府认为地方政府虽然在政策上采取了妥协性行动，但是地方政府作为追求自身收益最大化的"理性"行为主体，很有可能采取对中央政府的隐瞒措施。对于地方政府来说，其虽然在政策上妥协，但是有很大的利益驱动采取对中央政府的隐瞒措施，其行动在中央政府强大的监督体系下风险较高。从整体上看，这种策略行动造成社会福利的巨大耗费，产生负外部性，但有可能出现博弈均衡。

在策略组合 C 中，中央政府可能先采取"降低征收比例"的行动，地方政府随后可能采取"降低缴纳比例"的行动以促进自身收益增加。此时，中央政府采取妥协性的预先行动，表明中央政府对地方政府扩大自身收益的要求有充足的预知，同时也愿意在政策上激发地方政府土地管理工作的积极性，因此中央政府政策中的土地出让金征收比例会倾向于地方政府，监督力度和成本也会随之降低。此时，地方政府采取的行动完全符合中央政府的政策方向，"降低缴纳比例"的行动可以带来收益增加，同时由于中央政府监督力度减弱，因此地方政府的隐瞒成本也相应降低。相对于策略组合 A 和策略组合 B，这种博弈策略的社会负外部性减小，有可能出现博弈均衡。

在策略组合 D 中，中央政府可能先采取"降低征收比例"的行动，地方政府随后可能采取"扩大缴纳比例"的行动，这种策略组合在现实中很难成立。因为在这个博弈过程中，在中央政府采取"降低征收比例"的行动后，理性的地方政府是不可能倾向于采取"扩大缴纳比例"的行动的，即使存在非理性的地方政府，这种结果最终也会造成土地收益的严重流失。因此，从一般意义上讲，现实中策略组合 D 不会存在。

从上述四个策略组合中可以发现，中央政府通常既要考虑自身利益，又要考虑社会成本（社会福利）问题，因此中央政府在博弈中不会选择策略组合 A 和策略组合 D。在策略组合 B 和策略组合 C 中，中央政府遇到自身利益和社会福利之间的矛盾，中央政府如果采取"扩大征收比例"的行动，不仅会造成地方政府积极性减弱，还会造成巨大的社会负外部性，社会成本增加；中央政府如果采取"降低征收比例"的行动，不仅可以减少社会福利损失，从而降低社会成本，还可以提高地方政府开展土地管理工作的积极性。在定性分析中可以认为中央政府的两种行动对中央政府的收益影响是基本相同的（收益高的时候成本也高，收益低的时候成本也低），但此时对地方政府土地管理工作以及对社会的影响是有积极和消极两个方面的。因此，在这四个策略组合中，中央政府最终会倾向选择"降低征收比例"的行动，地方政府则会选择"降低缴纳比例"的行动，这是一个在只有四个策略组合存在的情况下可能存在的博弈均衡，均衡结果是中央政府和地方政府在土地出让金收益分配上确定一个倾向于地方政府的分配比例。

这里需要注意的是，上述定性分析的结论与实践中的中央政府政策措施的基本方向是相同的，但最终在均衡结果上存在一定的差异。1998 年，《中华人民共和国土地管理法》将中央政府与地方政府的土地收益分配关系调整为新增建设用地的土地有偿使用费，30%上缴中央财政，70%留给有关地方人民政府，都专项用于耕地开发。中央政府在逐渐降低土地出让金征收比例后，又选择了另一种获取收益的方式——改征新增建设用地有偿使用费。在本质上，这是中央政府在经历与地方政府土地出让金分配博弈后，放弃征收存量国有建设用地出让金，而转向对新增建设用地征收有偿使用费的策略。这样中央政府对新增建设用地具有比存量土地更大的审批权，使得中央政府在原来土地出让金博弈过程中由于监督成本巨大（审批权相对小）而不得不一再降低征收比例的被动地位得以改善，监督成本的剧减使得中央政府试图获取最大的土地收益，即将农地转为非农建设用地的土地收益全部上缴中央。实行后发现，这一措施虽然使得中央政府的土地收益大幅增加，但是导致的后果是地方政府的积极性严重受挫（此时地方政府在中央政府强大审批权面前的谈判能力也急剧降低，只能被动接受中央政府的政策），最后中央政府在预知地方政府扩大土地收益要求的前提下，可能会制定"三七分成"的政策策略，即策略组合。

在策略组合 E 中，相对于在土地出让金征收过程中土地收益不断降低的情况，中央政府可以获得更多的土地收益，同时由于自身拥有强大的审批权，因此其监督成本较之前剧减，并增加了一部分政策制度成本（这部分增加的成本相对于剧减的监督成本，在数量上不影响总成本降低的趋势）。中央政府同时要考虑地方政府的工作积极性、社会外部性等方面，其征收比例也不会过于倾向自身。地方政府此时拥有存量土地出让金的全部以及新增建设用地土地收益的 70%，其土地总收益虽然相对于土地出让金博弈最终结果略有降低，但是相对于农地转为非农建设用地的土地收益全部上缴中央，其收益是增加的。在新增建设用地这部分利益划分过程中，其谈判能力极其有限，不具备在前面所讨论的土地出让金博弈中所具有的能力，隐瞒的可能性非常小，隐瞒的风险巨大，只能被动地接受中央政府的政策策略。这样，策略组合 E 是中央政府和地方政府在经过多次博弈后达到的精练贝叶斯纳什均衡。这个均衡在中央政府和地方政府土地管理审批权力关系不变的条件下不会发生变动。但是，如果这种权力分配关系发生变化，则中央政府和地方政府的谈判地位也会发生变化，进而破坏现有均衡以形成新的博弈关系，达到新的精练贝叶斯纳什均衡。

4.3.2　土地储备的激励机制模型分析

土地储备过程涉及了上下级政府这样不同的利益群体，它们之间存在着利益的竞争。为使土地储备的整体收益最大化，本书运用离散激励、连续激励以及相对业绩比较激励三个模型进行分析。

4.3.2.1　离散激励模型

①模型一。考虑两个政府，一个为上级政府，另一个为下级政府。假

设上级政府为委托人，下级政府为代理人。上级政府给下级政府的拨款为 Q，下级政府可以选择挪用或不挪用经费。假设经费的多少直接影响土地储备资本的价值。

上级不能观测到下级的选择，但可以知道土地储备资本的价值，令 X 为土地储备资本的价值，土地储备资本看成产出。$w(X)$ 为上级对下级的支付合同。假定下级挪用经费所形成的土地储备资本为 X_1，下级不挪用经费，所形成的土地储备资本为 X_2（$X_1 < X_2$）。下级在挪用和不挪用之间选择，为了与委托代理理论的概念相联系，我们称不挪用为努力，而挪用为不努力。努力水平用 a 表示。我们主要考虑两种情况：$a=1$ 表示努力，即不挪用；$a=0$ 表示不努力，即挪用。

假定下级是风险规避的，上级是风险中性的，设下级的效用函数为 $u[w(X), a]$，给定 $w(X)$，如果挪用，下级的效用为 $u[w(X), 0]$；如果不挪用，下级的效用为 $u[w(X), 1]$。

若下级挪用经费，可以形成土地储备资本 X_1 的概率为 θ，可以形成土地储备资本为 X_2 的概率为 $1-\theta$。

若下级不挪用经费，可以形成土地储备资本 X_2 的概率为 $1-\theta$，可以形成土地储备资本 X_1 的概率为 θ。进一步，我们假定下级的效用是上级给下级的支付和下级工作的努力 a 的函数：

$$u = u[w(X), a] = \sqrt{w(X)} - a$$

现在考虑上级不能观察到下级的行动的情况。上级希望下级不挪用经费，因此上级设计一个激励相容约束：

$$\theta u(w_2, 1) + (1-\theta) u(w_1, 1) \geq (1-\theta) u(w_2, 0) + \theta u(w_1, 0)$$

式中，w_1 是当实现土地储备资本 X_1 时上级对下级的支付，因此有 $w_1 < w_2$，即 w_1 表示形成低土地储备资本 X_1 时上级对下级的支付；w_2 表示形成高土地储备资本 X_2 时上级对下级的支付，因此有：

$$\theta(\sqrt{w_2} - 1) + (1-\theta)(\sqrt{w_1} - 1) \geq (1-\theta)\sqrt{w_2} + \theta\sqrt{w_1}$$

下级必须参与，但是上级也必须保证下级的最低支付，如最基本的工资、办公费等，设其为 w_0，因此有约束：

$$\theta(\sqrt{w_2} - 1) + (1-\theta)(\sqrt{w_1} - 1) \geq w_0$$

若记委托人的效用函数为 $v(y)$，则委托人的效用为 $v[X - w(X)]$。这里假设 X 表示土地储备资本的价值，意义同前。因为假设委托人是风险中性的，所以上级的预期效用 $v[X - w(X)] = X - w(X)$，即

$$\theta(x_2 - w_2) + (1-\theta)(x_1 - w_1)$$

因此委托人的问题是上级希望下级不挪用经费，选择 w_1 使上级的期望效用最大，即求解下列最优化问题：

$\max \theta_1 \ (X_2 - w_2) \ + \ (1 - \theta_1) \ (X_1 - w_1)$

s.t. $\theta \ (\sqrt{w_2} - 1) \ + \ (1 - \theta) \ (\sqrt{w_1} - 1) \ \geqslant \ (1 - \theta) \ \sqrt{w_2} + \theta \sqrt{w_1}$

$\theta \ (\sqrt{w_2} - 1) \ + \ (1 - \theta) \ (\sqrt{w_1} - 1) \ \geqslant 0$

求解此问题，得：

$$w_1 = \left[\frac{(2w_0 + 1) \ \theta - \ (w_0 + 1)}{2\theta - 1} \right]$$

$$w_2 = \left[\frac{(2w_0 + 1) \ \theta - w_0}{2\theta - 1} \right]$$

因为 $w_1 < w_2$，由已求得的 w_1 和 w_2 的结果，可以确定 $w_0 > \dfrac{1 - \theta}{2\theta - 1}$

如果考虑下级必须参与，但是上级也必须保证下级的最低支付，假定这种最低的效用为 0，在此我们只考虑下级是否挪用上级的经费问题，没有考虑下级对土地储备的投入问题。因此，有约束：

$\theta \ (\sqrt{w_2} - 1) \ + \ (1 - \theta) \ (\sqrt{w_1} - 1) \ \geqslant 0$

仍然考虑上级希望下级不挪用经费，选择 w_1 使上级的期望效用最大化问题：

$\max \theta_1 \ (X_2 - w_2) \ + \ (1 - \theta_1) \ (X_1 - w_1)$

s.t. $\theta \ (\sqrt{w_2} - 1) \ + \ (1 - \theta) \ (\sqrt{w_1} - 1) \ \geqslant \ (1 - \theta) \ \sqrt{w_2} + \theta \sqrt{w_1}$

$\theta \ (\sqrt{w_2} - 1) \ + \ (1 - \theta) \ (\sqrt{w_1} - 1) \ \geqslant 0$

求解此问题，得：

$$w_1 = \left(\frac{\theta - 1}{2\theta - 1} \right)^2$$

$$w_2 = \left(\frac{\theta}{2\theta - 1} \right)^2$$

在实际操作过程中，上级会根据历年的 θ 值而求得 w_1 和 w_2，对下级进行激励，从而实现效用的最大化。

②模型二。我们将模型一做一下修改，仍用 X 表示土地储备资本的价值。土地储备资本看成产出。$w \ (X)$ 为上级对下级的支付合同。所形成的土地储备资本可能为 X_1，也可能为 X_2 $(X_1 < X_2)$。

若下级不挪用经费，可以形成土地储备资本 X_2 的概率为 θ_1，土地储备资本 X_1 的概率为 $1 - \theta_1$。

若下级挪用经费，可以形成土地储备资本 X_2 的概率为 θ_2，可以形成土地储备资本 X_1 的概率为 $1-\theta_2$。

假设 $0<\theta_2<\theta_1<1$。

我们假定下级的效用是上级给下级的支付和下级工作的努力 a 的函数：

$$u=u\left[w\left(X\right),a\right]=\sqrt{w\left(X\right)}-a$$

委托人的问题是希望下级不挪用经费。选择 w_1 使上级的期望效用最大，即求解下列最优化问题：

$$\max\theta_1\left(X_2-w_2\right)+\left(1-\theta_1\right)\left(x_1-w_1\right)$$

$$\text{s.t. } \theta_1\left(\sqrt{w_2}-1\right)+\left(1-\theta_1\right)\left(\sqrt{w_1}-1\right)\geqslant\theta_2\sqrt{w_2}+\left(1-\theta_2\right)\sqrt{w_1}$$

$$\theta_1\left(\sqrt{w_2}-1\right)+\left(1-\theta_1\right)\left(\sqrt{w_1}-1\right)\geqslant w_0$$

求解得：

$$w_1=\left[\frac{\left(\theta_1-\theta_2\right)w_0+\left(1-\theta_2\right)}{\theta_1-\theta_2}\right]^2$$

$$w_2=\left[\frac{\left(\theta_1-\theta_2\right)w_0-\theta_2}{\theta_1-\theta_2}\right]$$

令 $\theta_2=1-\theta_1$，则得到与模型一相同的结果。

4.3.2.2 连续激励模型

在模型一中，我们主要讨论了下级挪用或不挪用经费两种情况，也就是下级的努力水平 a 只取 0 或 1。下面我们讨论具有连续努力选择的情况。对应的实际问题就是下级挪用经费是一个连续变量，既可能全部挪用，也可能完全不挪用，或者部分挪用。我们用 X 表示土地储备资本的价值，土地储备资本看成是产出，$w\left(X\right)$ 为上级对下级的支付合同。上级政府给下级政府的拨款为 Q，假定下级是风险规避的，上级是风险中性的，下级的效用函数为 $u\left[w\left(X\right),a\right]$，$a$ 是下级选择的努力水平。为了讨论问题方便，在此假设上级的投资 Q 可以看成下级的经费，如果不挪用，下级的效用为 $u=u\left[w\left(X\right)\right]$；如果挪用，下级的效用为 $u=u\left[w\left(X\right)-Qa^2\right]$。其中，$Qa^2$ 为努力的负效用，a 是下级选择的努力水平，且 $0\leqslant a\leqslant 1$。

下级必须参与，但是上级也必须保证下级的最低支付，如最基本的工资、办公费等，设其为 w_0。因此，有约束：

$$Eu\left[u\left(X\right)-Qa^2\right]\geqslant u\left(w_0\right)$$

其中，期望是对 a 取值。设土地储备资本产出为 $X=\lambda a+\varepsilon$，ε 是服从正态分布的随机变量，即 $\varepsilon\sim N\left(0,\sigma^2\right)$。就是说，土地储备资本积累不仅与地方政府的努力有关，而且与许多不确定的因素有关。

首先考虑上级能够观察到下级的努力水平，最优契约是固定支付 $w = \bar{w}$。对一个给定的努力水平 a，这个支付由参与约束给出：

$$\bar{w} = w_0 + Qa^2$$

上级的期望效益最大化：

$$\max E\left[X - \bar{w}\right] - E\left[\lambda a + \varepsilon - w_0 - Qa^2\right] = \lambda a - w_0 - Qa^2$$

由一阶最优性条件，可得：

$$a^* = \frac{\lambda}{2Q}$$

下面考虑努力不可观察的情况，土地储备资本产出可以观察。我们讨论线性激励合同，令 $w(X) = a + \beta X$。根据前面的假设条件可知，X 是正态随机变量，从而易知 $w(X)$ 也是正态随机变量。

下级的期望效用为：

$$Eu\left[w(X) - Qa^2\right] = Eu\left[\alpha + \lambda\beta a + \beta\varepsilon - Qa^2\right]$$

最大化可得 $a^* = \frac{\lambda\beta}{2Q}$，因此下级的预期效用为：

$$Eu\left[\alpha + \frac{\lambda^2\beta^2}{4Q} + \beta\varepsilon\right]$$

上级的预期净效益为：

$$X^W = E\left[X - w(X)\right] = E\left(\lambda a^* - \alpha - \beta\lambda a^* + \varepsilon - \beta\varepsilon\right) = \frac{\lambda^2\beta}{2Q}(1-\beta) - \alpha$$

为求最优线性激励合同，即求解最优化问题：

$$\max_{\alpha,\beta} X' - \frac{\lambda^2\beta}{2Q}(1-\beta) - \alpha$$

$$\text{s.t.} \quad Eu\left[a + \frac{\lambda^2\beta^2}{4Q} + \beta\varepsilon\right] \geq u(w_0)$$

令 $Y = \alpha + \frac{\lambda^2\beta^2}{4Q} + \beta\varepsilon$，显然 Y 是服从正态分布的随机变量，且有：

$$EY = \alpha + \frac{\lambda^2\beta^2}{4Q}, \quad \text{Var}(Y) = \beta^2\sigma^2$$

记 $\mu_1 = EY = \alpha + \frac{\lambda^2\beta^2}{4Q}$，$\sigma_1 = \sigma\beta$

则 $Y \sim N(\mu_1, \sigma_1)$

如果取下级的效用函数为 $u(y) = -e^{-w}$，其中 P 为绝对风险规避度量，y 为实际货币收入，则下级的实际收益为：

$$y = w(X) - Qa^2$$

由前面的讨论可知 $Ey = Eu\left[\alpha + \lambda\beta a + \beta\varepsilon - Qa^2\right] = \alpha + \lambda\beta a - Qa^2 = \alpha + \dfrac{\lambda^2\beta^2}{4Q}$

确定性等价收入为：

$$Ey - \frac{1}{2}\rho\beta^2\sigma^2 = \alpha + \frac{\lambda^2\beta^2}{4Q} - \frac{1}{2}\rho\beta^2\sigma^2$$

则前述委托人的问题是求解下面的最优化问题：

$$\max_{\alpha,\beta} X' = \frac{\lambda^2\beta}{2Q}(1-\beta) - \alpha$$

$$\alpha + \frac{\lambda^2\beta^2}{4Q} - \frac{1}{2}\rho\beta^2\sigma^2 \geqslant U_0$$

其中 $U_0 = u(w_0)$

解得：$\beta = \dfrac{\lambda^2}{\lambda^2 + 2Q\rho\sigma^2}$

下面计算代理成本：

当委托人不能观测代理人的努力水平时，代理人承担的风险为：

$$\beta = \frac{\lambda^2}{\lambda^2 + 2Q\rho\sigma^2}$$

风险成本为：

$$\Delta RC = \frac{1}{2}\rho\beta^2\sigma^2 = \frac{\rho\sigma^2\lambda^4}{2(\lambda^2 + 2Q\rho\sigma^2)^2} > 0$$

当努力水平可观测时，最优努力水平为 $a_1 = \dfrac{\lambda}{2Q}$，当努力水平不可观测时，委托人可诱使代理人自动选择最优努力水平为：

$$a_2 = \frac{\lambda\beta}{2Q} = \frac{\lambda^2}{2Q(\lambda^2 + 2Q\rho\sigma^2)} < \frac{\lambda}{2Q}$$

即非对称信息下的最优努力水平严格小于对称信息下的努力水平。

因为期望产出为 $E\pi = \lambda a$，期望产出的净损失为：

$$\Delta EX = \Delta a = a_1 - a_2 = \lambda\left(\frac{\lambda}{2Q} - \frac{\lambda\beta}{2Q}\right) = \frac{\lambda^2\rho\sigma^2}{\lambda^2 + 2Q\rho\sigma^2}$$

努力成本的节约为：

$$\Delta C = C(a_1) - C(a_2) = Q\left(\frac{\lambda}{2Q}\right)^2 - Q\left(\frac{\lambda\beta}{2Q}\right)^2 = \frac{\lambda^2}{4Q}(1-\beta^2) =$$

$$\frac{\lambda^2\rho\sigma^2(\lambda^2 + Q\rho\sigma^2)}{(\lambda^2 + 2Q\rho\sigma^2)^2}$$

激励成本为：

$$\Delta E\pi - \Delta C = \frac{Q\lambda^2\rho^2\sigma^4}{(\lambda^2 + 2Q\rho\sigma^2)^2} > 0$$

总代理成本为:

$$AC = \Delta RC + (\Delta EX - \Delta C) = \frac{\lambda^2\rho\sigma^2}{2(\lambda^2 + 2Q\rho\upsilon^2)} > 0$$

由于 $\frac{\partial AC}{\partial\rho} > 0$ 和 $\frac{\partial AC}{\partial\sigma} > 0$,因此代理成本随代理人风险规避度 ρ 和产出方差的增加而增加。

在这个激励模型中,实际操作时上级考虑了下级选择的努力水平 a 是一个从 0 到 1 的变量。同样地,上级根据历年的 a 值,运用模型进行分析计算,得出收入与成本的差最大时的 X。

4.3.2.3 相对业绩比较激励

代理人个人的绩效即使是可证实的,也可能是对代理人努力程度的扭曲的衡量。例如,企业利润的下降可能是因为需求下降或成本上升,而不是经理不努力。因此,通过把代理人绩效与在类似条件下的其他代理人的绩效进行比较,在一定程度上可以了解代理人的努力情况。

假设委托人监督两个负责同类部门的经理。委托人的收益等于每个代理人产生的收益之和减去委托人支付给代理人的预期工资。假设产生 π_2 而不是 π_1 的概率是 x 或 y,取决于经理是否工作。两种努力水平产生同样的利润。因此,如果两个经理都选择努力工作,实现的利润或者都是 π_2(概率为 x),或者都是 π_1(概率为 $1-x$);当两个经理都选择不努力工作时结果也是类似的。

在这种情况下,委托人的契约可以是:如果两个经理达到了同样的利润水平,可以得到相同工资;如果利润水平不同,高利润水平的经理得到高工资,低利润水平的经理将受到重罚。每个经理的工资既取决于自己,也取决于另一个经理的绩效。两个经理都选择努力工作是经理之间博弈的均衡结果。对经理的奖励也可以以产业的平均利润为基础。

我们所讨论的在土地储备过程中的经费挪用问题就可以用相对业绩比较方法来处理。土地储备资本的高低不仅与经费有关,还与某些其他因素有关,因此可以采用相对业绩比较法则。上级在确定下级是否挪用了经费这个问题时,既要根据这个下级的土地储备资本的产出,又要根据情况类似的其他下级的土地储备资本的产出。这样可以使上级的决策更加合理。

4.3.3　土地收购的贷款风险分析

从土地收购储备贷款的运作实践看，由于全国房地产业的持续快速发展，不论各商业银行对土地储备机构实行的是授信贷款还是抵押贷款，资金的运行情况总体是优良的，但正如任何投资都有风险一样，土地收购储备贷款也不例外。

土地收购的贷款风险产生的原因主要如下：

第一，国有商业银行内部产权不清晰，现代企业管理制度不健全。银行基层组织的权益和责任不匹配，在许多情况下，由于资产质量和金融风险并不影响基层金融机构的眼前利益，因此其缺乏防范金融风险的动力。

第二，基层金融机构和地方政府有着千丝万缕的联系，金融活动受到地方政府的干预，导致许多该追讨的不良贷款追讨不回来。

第三，承担金融风险的主体责任不清楚。金融机构出现问题，最后都是由中央银行来承担投资者的资本损失，这不仅增加了防范金融风险的成本，而且不断将市场风险集中了起来。

制度风险虽然很少像市场风险那样引发突发性支付风险并且迅速扩散，但它会给国有商业银行、城市商业银行和农村信用社带来很高的不良贷款率，导致通货膨胀压力增大，削弱了金融体制的稳定性，大大增加了市场风险。

从土地收购储备贷款的操作过程来看，具体存在以下三种风险：

第一，保证风险。目前，一些城市的土地储备机构将保证作为向商业银行贷款的一种主要担保方式。这种贷款的操作方式一般为：土地储备机构从银行贷款时，先由财政部门或其他相关部门同银行进行协商，并向银行出具一个"承诺书"，银行根据政府的信用，为土地储备机构办理贷款。根据国家有关法律法规的规定，这种操作方式存在一定的风险。

《中华人民共和国担保法》（以下简称《担保法》）第八条规定："国家机关不得为保证人，但经国务院批准为使用外国政府或者国际经济组织贷款进行转贷的除外。"《担保法》第九条规定："学校、幼儿园、医院等以公益为目的的事业单位、社会团体不得为保证人。"由此可见，政府及以公益为目的的事业单位是不能作为保证人的。即使其作了保证人，在法律上也是没有效力的。单凭政府信用进行放款，在市场经济条件下是一种极不规范的行为，这体现了政府高于其他经济主体的不平等的权利，扰乱了正常的市场秩序，也给金融机构带来了一定程度的风险。金融机构在向土地储备机构放款时，在盈利的前提下，也应该时刻具有风险意识，尽量避免仅依靠政府信用贷款。

第二，抵押风险。在土地储备机构抵押贷款中，土地使用权（抵押物）的性质目前在法律上还无明确规定。按照《中华人民共和国土地管理法》《城市房地产管理法》等相关法律法规的规定，我国土地使用权取得方式分别为出让土地使用权、出租土地使用权和划拨土地使用权。土地储备机构代表政府将土地通过征用、征购、收回等方式储备后，宗地上设定的原土地使用权被注销，在其被重新出让、划拨以及出租前，应该说储备地块上的土地使用权处于虚置状态，只有经过法定程序以出让、出租以及划拨等方式才能在国有土地上设置土地使用权。土地储备中心只是政府的代理机构，并不是实质意义上的土地使用者，因此对其储备的土地也就谈不上拥有使用权。

土地储备机构代表国家行使土地使用权尚无法律依据。国家是真正意义上的土地所有者，拥有建立在土地所有权之上的完整的使用权。当前国家对国有土地的管理主要是通过对国有土地使用权设定、处置等环节来实现的，而国有土地使用权的设定、处置是规划、土地管理、计划等政府职能部门的法定职权，是通过《中华人民共和国土地管理法》《中华人民共和国城市规划法》等相关法律来确定的。目前尚未有法律法规对土地储备机构授权，因此从职权法定原则角度来说，土地储备机构代表国家行使土地使用权还没有法律依据。

在实际操作中，一些城市的土地储备机构在对储备土地进行抵押时也存在一些不规范的做法。有些土地储备机构将收购、收回的土地先过户到自己名下，办理一个以土地储备中心为使用者的土地使用权证，之后再到银行按地块办理抵押。据了解，这类土地使用权证的填写也五花八门：在"土地用途"一栏有填"商业""工业"的，也有填"居住"的；在"取得方式"一栏，大多填"划拨"，也有填"出让"的；在"期限"一栏，一般填"长期"，等等。从严格意义上来说，这些都是不规范的。

土地在经过储备后将由政府根据实际需要重新进行安排和处置，设定土地使用权。抵押地块在处置办理抵押贷款时，其未来用途、建筑密度、容积率等规划指标与其收购前可能存在巨大差别，再加上一些不确定因素的存在，有的地块抵押价值可能会大大降低，甚至降为零。可见，土地收购储备机构以收购的具体地块抵押时，其土地使用权的性质和价值都是模糊的。以这种不确定的土地使用权的价值为依据到银行进行抵押贷款，也给银行带来了不确定的风险。

第三，土地抵押贷款评估风险。土地估价事务所作为中介机构，已经脱离土地行政主管部门，进行市场化运作。由于种种原因，土地评估机构也会给土地储备贷款带来一些风险，这种风险一般不会马上显现，往往是经过一个时期后才暴露出来。因此，对这类风险不能麻痹大意、心存侥幸，避免埋下风险隐患。

土地抵押贷款评估中的风险根据其产生的原因可以分为四类：外界风险、评估操作风险、评估专业风险、职业道德风险。

外界风险是对所有评估项目均产生影响且评估机构无法控制的风险。外界风险主要表现为由于评估项目的委托方提供的法律文件真伪鉴定不准、委托方有意欺诈作伪证、恶意设置的专业评估陷阱、地区经济较大的动荡和不可抗力等导致不可避免的法律诉讼及影响评估机构声誉的风险。

评估操作风险主要是不按评估专业操作规程、专业指导以及其他相关的评估项目管理制度对评估的土地进行有效鉴定，资料信息搜集不充分，证据杂乱或无证据搜集过程，计算错误，随意省略必要的操作步骤，评估各复核程序不严而导致的评估法律诉讼和声誉损失风险。

评估专业风险主要是复杂程度较高、难以有效鉴别的土地评估价格和市场价格的实际偏差，由评估方法和评估结论偏差与错误，评估专业语言陈述不清和不执行估价规范的要求，评估报告的无意误导（包括评估报告中没有向委托方和应用方进行有效的风险提示与风险分析），评估专业知识和认知的欠缺导致的风险。

职业道德风险主要是评估人员玩忽职守、违约、懒惰、收受委托方贿赂和向委托方索要好处、从事有利害关系的业务委托、有意高估或低估、向委托方提示和同谋伪造有关关键资料、有意偏袒一方或在报告中故意误导、评估人员的不诚实和泄密、允许他人运用评估人员的执业资格而导致的法律诉讼以及违反法律法规的重大责任风险。

以上风险最终会导致土地评估价格与市场价格相差甚远，即评估价格失真的后果。如果土地储备中心以土地评估机构失真的价格进行抵押贷款，而银行也据此发放贷款的话，一旦土地储备中心因无力还款而不得不将抵押的储备土地进行拍卖时，拍卖所得的价值极有可能无法偿还银行贷款，从而给银行带来损失。

4.4　土地储备问题的解决方案

4.4.1　建立土地储备中的制度约束机制

4.4.1.1　加强土地储备中的法律制度约束

在土地储备的过程中，信息是不完全且不对称的，对政府部门的制度约束主要是从信息披露的角度出发，也可以说是从财政透明度的角度来分析的。

①增强土地储备预算编制中的财政透明度。土地储备的预算编制（本书中的预算编制阶段包括预算准备阶段）是整个土地储备过程的第一环节，也是土地储备决策的组成部分。立法机构或被授权的政府部门根据有关部门编制的预算做出决策。适当的土地储备预算分类必须与预算的编制方法结合起来考虑，而且应该给予执行者一定的灵活性。适当的土地储备预算分类应该和立法机构与执行机构的财政权的配置结合起来，预算分类的口径应该与财政资金使用单位拥有的自由裁量权一致。

②财政部门的信息公开。土地储备过程中的行政机构的信息公开程度，直接关系到整个社会信息资源的开发利用和每个公民、社会组织的切身利益。土地储备过程中信息披露不够，必然存在信息不对称的问题，而这又导致了寻租的产生。同时，行政机构的自由裁量权遍布社会的每一个角落，对社会和民众的影响显著。因此，行政机构（本书中所提到的狭义政府部门）的信息公开是广义政府信息公开的核心，而政府部门的财政信息对普通民众来讲又是尤其敏感的。政府部门在整个土地储备过程中都应不断地向民众和立法机构进行财政信息公开。

4.4.1.2　加强土地储备中的监督制度约束

2003 年，党中央、国务院部署开展了以清理开发区为重点的土地市场治理整顿，并决定改革土地管理体制。在广泛听取各方意见后，国家确定了土地管理体制改革的总原则，即充分发挥中央和地方两个积极性，重点强化省级人民政府土地管理的权力和责任，加强中央政府对地方政府土地执法行为的监督。这是为了更好地解决土地储备过程中出现的寻租问题，避免各式各样的利益争夺活动。《国务院关于加强土地调控有关问题的通知》中明确指出，加强土地管理和调控工作，事关国民经济和社会发展全局，意义深远，任务艰巨。因此，全国必须进一步统一思想，提高认识，抓好落实。各级党委、政府要进一步加强领导，把土地管理和调控工作摆到更加突出的战略位置。各有关部门应加强协调，抓紧完善相关政策。同时，各有关部门要严格执法、严肃纪律，加大对土地违法的惩处力度，特别是对违反国家宏观调控政策、弄虚作假、顶风违法的，要坚决严肃查处，决不手软。国家要充分发挥国家土地督察制度的监督检查作用，加快建设一支坚持原则、敢于碰硬的土地督察队伍。

国家审计机构的审计监督作为土地储备监督体系的主导监督，应该涵盖土地储备所有相关领域，即应该涵盖土地储备预算、执行、决算全过程，应该涵盖与土地储备决策、执行甚至监督等有关的所有单位和部门，应该涵盖所有的公共资金，包括预算内、预算外（甚至是制度外）资金。我国的国家审计机构的审计监督在适当的时期内应该以专项的事后监督为主。与此同时，我国还应该加强立法机构对政府部门的立法监督。在土地储备的决策阶段，立法机构通过审查和批准预算监督土地储备，即事前监督。立法机构为了监督政府部门，除了通过提高财政透明度的具体立法之外，还可以通过审查和批准政府部门的预算来实施对政府部门的监督。在土地储备的执行阶段，立法机构通过审查、批准预算的调整，听取财政部门关于土地储备的执行报告或委托独立审计部门对土地储备执行进行审计监督，完成对土地储备执行的监督，即事中监督。立法机构的预算监督主要表现在其对预算调整的审批、土地储备执行报告的审查和附属审计机构（或审计代表）的审计监督。在土地储备的决算阶段，立法机构同样以审查和批准决算报告或委托独立审计部门完成对土地储备决算的监督，即事后监督。立法机构的监督主要表现为审查和批准政府决算报告、项目执行结果报告和通过其附属审计机构（或审计代表）对土地储备进行事后审计监督。与此同时，其他辅助监督也不能忽视。人民监督比较常见的形式就是舆论监督。

4.4.1.3 加强土地储备中的管理制度约束

在土地储备的执行、决算阶段，除了法律制度、监督制度外，还应该有其他的制度来约束地方政府。因为仅仅靠监督制度的约束并不能完全消除地方政府的违规行为，为了更好地控制其机会主义行为，还应该有其他的制度约束作为辅助措施，这其中包括责任制度和自由裁量权制度等。

《国务院关于加强土地调控有关问题的通知》明确指出，加强土地管理和调控工作，要以科学发展观为指导，认真贯彻党中央、国务院的一系列决策部署，坚持土地基本国策，实行最严格的土地管理制度，综合运用经济手段、法律手段和必要的行政手段。按照权责一致的原则，强化地方政府土地管理的责任，严格实行问责制。这实际上就是要明确土地调控管理中的责任制度。

在中央政府与地方政府的关系中，权力下放与责任是紧密相关的。转移支付和收入安排为下级政府提供了财政资金，确保责任的实现。财政透明度要求权力和责任的划分应以稳定的原则和经商定的方案为基础，并要求予以明确说明。同时，财政透明度还要求权力和责任的划分应该有法律框架约束。

针对中央政府和地方政府之间的寻租问题，可以将地方政府理解为代理人，而中央政府作为委托人肯定会在某些支出决策权中给予授权，即给予代理人决策方面一定的自由裁量权。控制自由裁量权的具体方法包括程序控制和管理安排。信息公开就是程序控制手段之一，而管理安排主要是指绩效管理，绩效管理同样以真实的信息为基础，因此信息公开是控制自由裁量权的核心问题。

上述三种土地收购储备运行过程中的制度约束机制，分别从法律制度、监督制度、管理制度三个方面进行讨论，目的是解决土地收购储备过程中的信息不对称问题，使土地市场高效运行。可见，三种制度约束机制之间是相辅相成的，这在实施土地收购储备过程中的监督和约束时，有利于保证国家宏观调控政策的有效实施；有利于各地在统一的土地政策下依法有序地管理和利用土地，确保土地管理法律法规有效实施；有利于保证省级人民政府有效履行土地管理职责。

4.4.2　加强机构建设，优化土地储备机构

4.4.2.1　优化管理模式，提高员工素质

土地储备中心工作人员的现代企业管理才能的缺乏和知识结构的不尽合理限制了土地储备工作的进一步开展，使土地储备的运营风险增大。造成这种现象的一个原因是政府按照公共管理机构的要求配置土地储备中心的工作人员。土地储备中心的人员配置必须适应土地储备中心承担的双重角色的要求，调整原来人员配置的指导思想，大力引进金融、估价、会计和管理人才，尤其是引进高级经济师、注册土地估价师、注册会计师和律师等。

4.4.2.2　加强政府领导，强化土地储备机构的主体地位

加强政府部门之间的协作，减少政府部门对土地储备运作的负面干预，

增加政府部门对土地储备运作的正面配合，降低土地储备运作中的成本，有利于实现最佳的社会效益和经济效益。其主要方法如下：

①建立详细的考核体系，把土地储备运作中的各个方面直接分解到各个部门，列入部门年度工作目标，接受人大和群众监督。例如，制定政府年度储备土地供应计划时，可以将整个计划分解成规划计划、拆迁计划、配套计划、资金计划、整理计划、供应计划等，分别由规划、房屋管理、建设、财政、土地管理和土地储备实施机构来负责，环环相扣。

②提高土地储备机构的行政地位，由部门领导改为政府领导，政府分管领导直接抓土地储备，以政府的意志来统一各个政府相关部门的思想和行动，减少相互之间的不协作。

4.4.2.3　健全组织机构，完善供应计划，加强部门之间的协调

进行土地储备会涉及许多政府部门，特别是规划、建设、计划、财政、土地管理、房屋管理等部门。以上各个政府部门之间的有效协调可以减少运作环节，提高土地储备和土地资产的运作效率。

①明确建立土地储备机制是对当前城市管理手段和机制的创新，而不是以一个部门的职能取代其他部门的职能，更不是以一种方式来减少其他部门的权力。相反，土地储备机制应该是建立在政府层面上的由各个部门参与的、保证部门职责进一步到位的、新型的管理手段，也是政府经营土地资产的重要手段。

②健全组织机构，建立一个以政府领导为核心、有关部门共同参与的组织协调机构。例如，杭州建立了土地储备管理委员会，作为全市开展土地储备的领导机构，研究制定土地储备出让的政策及规章，协调各部门的关系，落实土地储备资金、确定年度土地储备计划以及审查计划执行情况等。

③制订科学的土地收购、储备和供应计划，使土地收购、储备和供应计划与整个城市的经济发展计划、用地计划、旧城改造计划、房地产开发计划、资金筹措计划等有机结合起来，把有关责任分解到各职能部门，协调行动。正确处理好地方经济发展与土地供应、土地储备等的关系。

4.4.2.4　合理分配土地收益

土地收益增值的原因如下：第一，经济发展致使土地利用效率提高、土地需求增加，引起地价上涨。第二，人口增加导致土地利用需求量增大，引起地价上涨。第三，对城市基础设施投资使各类城市用地更符合城市经济发展需要，土地开发利用能获得更高的开发收益，从而导致地价支付能力增强，地价上涨。第四，城市规划用途的调整使土地利用条件发生变化，

在变化方向有利于土地高度化利用时，地价上涨。在相似经济区位下，土地价值与土地利用方式之间的关系是商业>居住>工业>耕地>农牧地>荒地。可见，以较低价格购进的工业用地，如能转换为居住或商业用途，其投资价值可能成倍增长，带来巨大的投资收益。第五，土地使用者对土地进行资金和劳动力投入，把物化劳动和活劳动凝结在土地中，增加土地使用的同时也使土地增值。从土地收益增值的原因进行分析，第一和第二属于自然增值，应为全社会所有，即为国家或政府所有；第三和第四源自地方政府对土地的投资及规划条件改变，其增值收益应为地方政府所有；第五，为土地使用者的贡献，收益应为土地使用者所有。

然而，对当前在企业转制中需要通过盘活土地以解决困难的企业来讲，其除了土地外往往拿不出其他可以盘活的资产。因此，如果仅仅以土地现有用途为依据对企业进行补偿，企业就可能搬不走，更谈不上解困和发展，于是需要考虑对企业现有权利进行补偿。考虑补偿的实际问题，特别是当土地收购价格不足以弥补原土地使用者因土地被收购而导致的经济损失时，政府应建立一条合适的渠道，给予企业价格以外的补偿。但补偿与收购价格无关，是体现一种"抚恤补偿"，确定收购价格不能将价格以外的安置补偿混同考虑。被收购土地主要是占据中心地区的经营亏损或濒临倒闭的企业的用地。对于这些企业的职工，即使其土地不被政府收购，政府仍需对其进行安置。另外，政府也可将土地发展权益以国有资本金注入的方式返还给企业，这样既有利于国有企业改革的顺利进行，同时又能加快土地盘活进程。

4.4.3 建立土地资源动态监测网络

为了适时监测农业土壤质量或健康状态的变化，为土地资源合理开发利用、环境保护和生态建设提供依据，必须进行土地质量动态监测系统和监测体系的建设。

土地质量与土地退化监测的内容包括土壤侵蚀的自然作用过程，土壤流失的历史变迁及动态变化，人类活动对土壤流失和退化（退化、沙化、污染、流失等）的影响，土壤地球化学背景。对土地退化的研究与监测应采用国际上普遍应用的以航天遥感和航空遥感技术以及遥感技术等为主的高新技术。

值得注意的土地退化问题还有由于农业发展和农业技术的应用（如不良灌溉和化肥农药的过量及不良使用）所造成的地下水枯竭、污染和土壤污染问题，边际土地（如陡坡地）的开垦和矿山开发造成的水土流失等土地退化问题。土地资源一旦由于污染或其他人为因素遭到破坏，则很难在较短的时间里恢复，因此保护土地资源成为环境保护和资源保护的一项主要内容。

土地资源与土地利用现状调查及数据库建设的内容包括：第一，土地利用现状调查及数据库建设，这是土地资源数据的主要系统，可以用于各种评价之中，如土地资源总量，土地利用类型和生产系统的详细资料，土地适宜性和土地生产率评估，土地适宜性评价、土地退化评价、人口承载力评价和土地利用优化模拟。第二，土地资源变更调查数据库建设，包括土地权属界线变更调查、土地利用类型变更调查、修正和补充详查数据。第三，土地条件调查及可控数据库建设。

通过调查研究，建立土地利用现状、土地覆盖变化、土地资源潜力等数据库，对土地资源进行动态管理，是土地资源合理利用与规划、实现土地资源可持续利用的重要手段和最佳途径。

4.4.4 完善城市土地储备的资金运行机制

我国土地收购储备的融资模式以土地储备贷款为主，这一融资方式具有一定的风险性，相关部门必须对土地储备贷款中可能存在的风险及时进行思考和制定对策，以保证贷款安全，防范金融风险，促进房地产市场和金融市场的稳定发展。相关部门可以采取的措施如下：

4.4.4.1 掌握政策

掌握政策是保证规范的基础和前提。中央政府出台了一系列涉及土地供应、土地收购储备、土地储备贷款方面的政策。了解这些相关政策的主要内容对规范银行信贷行为极为重要。

①土地收购储备政策。2001年，国务院下发的《国务院关于加强国有土地资产管理的通知》明确提出，为增强政府对土地市场的调控能力，有条件的地方政府要对建设用地试行收购储备制度。市、县人民政府可以划出部分土地收益用于收购土地，金融机构要依法提供信贷支持。这是中央第一次以文件形式对建立土地收购储备制度、明确收购储备资金的主要来源以及金融资金可投放方向提出明确要求，是金融机构开辟贷款渠道和土地储备机构拓展融资渠道的重要政策依据。

②房地产信贷政策。2003年，中国人民银行下发的《中国人民银行关于进一步加强房地产信贷业务管理的通知》在加强房地产开发贷款管理、

引导规范贷款投向、严格控制土地储备贷款发放、规范建筑施工企业流动资金贷款用途、加强个人住房贷款管理、重点支持中低收入家庭购买住房的需要以及强化个人商业用房贷款管理等方面做出了具体、明确和严格的规定，在房地产企业、居民和相关部门引起强烈反响。

③土地供应政策。2002 年，国土资源部出台的《招标拍卖挂牌出让国有土地使用权规定》规定，商业、旅游、娱乐和商品住宅等各类经营性用地，必须以招标、拍卖或挂牌方式出让。规定以外用途的土地的供地计划公布后，同一宗地有两个以上意向用地者的，也应当采用招标、拍卖或挂牌方式出让。该规定确立了经营性土地使用权必须实行招标、拍卖或挂牌供应的制度，对国有土地供应制度影响深远。市场各方对此反响强烈，称之为"土地供应革命"。

④国家产业政策。例如，《国务院关于促进房地产市场持续健康发展的通知》《国土资源部关于加强土地供应管理促进房地产市场持续健康发展的通知》《国务院办公厅转发发展改革委等部门关于制止钢铁电解铝水泥行业盲目投资若干意见的通知》《国务院办公厅关于暂停新建高尔夫球场的通知》等对房地产业、钢铁电解铝水泥行业、新建高尔夫球场等提出了明确的政策要求。信贷部门了解国家产业政策，有利于把握与之相关的用地政策和金融政策。

4.4.4.2 规范放款

依法、规范投放贷款是保证贷款安全的关键。在审查储备土地贷款时，银行至少要把握以下三个方面：

①充分了解拟贷款宗地的基本情况，包括土地的权源情况，是否做到宗地的权属清楚、面积准确、没有纠纷；土地的规划条件，是否符合土地利用总体规划和土地利用年度计划、城市总体规划和详细规划；评估地价、评估方法是否科学，是否存在虚假评估；土地的供应方式是否符合现行政策规定，对经营性土地实行招标、拍卖、挂牌出让等，出让程序、出让结果是否向社会公开；协议出让最低价是否符合国家规定的标准，等等。只有清楚拟贷款宗地的底数，才能有的放矢，减少盲目性。

②严格按照央行相关文件的要求，依法对贷款申请进行审查。银行应切实加强贷前调查评估和贷后管理工作。关于土地储备贷款，银行要慎重选择项目，严格审查土地储备机构运作的规范性，对土地储备贷款不能采取信用方式发放，贷款的发放要与具体地块对应，采取封闭贷款运作，并注意贷款期限和土地开发转让实际周期的匹配。银行应对土地储备贷款的还款能力进行持续监测，一方面要对项目现金流量的变化进行监测，全面、

准确把握债务人的偿债能力；另一方面要对抵（质）押物的变现能力进行定期评估和适时价值重估，建立健全对外部机构出具的资产评估报告的审查确认机制。在贷款发放后，银行要密切关注借款人缴纳土地出让金、取得土地使用权证的全过程，确保银行办理土地使用权抵押的合法性和可操作性。银行要加强对已发放的存量贷款的管理和监控，切实防范风险。

③依法办理土地抵押登记。在办理抵押登记过程中，信贷部门必须注意两个方面：一方面，对抵押合同进行公证不是信贷部门进行土地抵押贷款的必经程序。根据《中华人民共和国担保法》的规定，房地产抵押合同以登记为成立条件，只要经过房地产抵押登记，抵押即有效。公证一般只起到一个见证的作用，抵押合同公正与否，不对抵押合同效应产生影响。办理抵押登记，公证只对借款合同有效。另一方面，划拨土地抵押登记不必办理审批手续。按照2003年最高人民法院的有关司法解释的规定，企业对其以划拨方式取得的国有土地使用权无处分权，以该土地使用权为标的物设定抵押，除依法办理抵押登记手续外，还应经具有审批权限的人民政府或土地行政管理部门批准，否则应认定抵押无效。这实际上是给银行办理抵押贷款环节增加了一道审批程序。《关于转发国土资源部关于国有划拨土地使用权抵押登记有关问题的通知》明确提出了以国有划拨土地使用权为标的设定抵押，土地行政管理部门依法办理抵押登记手续，即视同已经具有审批权限的土地行政管理部门批准，不必再另行办理土地使用权抵押登记的审批手续。也就是说，以划拨土地设定抵押，土地产权人办理土地抵押登记手续即可，而不用再办理抵押审批。

4.4.4.3　建立社会化的土地储备资金筹措机制

建立社会化的土地储备资金筹措机制，首先必须明确界定土地收益的分配体系，明确土地收益中哪些是属于政府的收益，哪些是属于投资人的收益，摆正政府在土地储备中的地位，认清在市场经济条件下政府的角色，即政府是"裁判员"，而不是"运动员"。因此，在具体运作中，政府的职责主要在于制定"游戏规则"，创造能充分体现土地所有权价值的市场环境，监控"游戏"进行，而不是由政府全包全揽，为追求土地收益最大化而独家经营。建立社会化的土地储备资金筹措机制要认清土地储备运作周期长、资金投入多、受宏观经济环境影响程度显著的特点。因此，我国有必要探索一个多渠道筹措资金的机制，改变单纯凭借银行贷款来筹措资金的做法，分散风险。国家可以通过设立土地基金或土地银行、实施土地证券化、推行换地权益书等做法吸收社会资金或相应的土地权利来实施土地储备。这样既可以保证政府在土地盘活中取得合理收益，又能有效调动社会资金，共享利益，共担风险，保证政府对城市土地资产的有效经营。国家可以运用多种方式多种途径筹集土地储备资金。资金与土地是土地储备经营运作的两大支柱，土地储备经营过程实质上是一个"地"与"钱"的转化过程，土地储备需要巨额资金。要建立城市土地收购储备机制就必须具备有效的融资方式，一是进一步充实土地收购储备专项资金，二是建立土地基金，三是推行土地证券化。

加强土地储备运作的风险控制，减少行政干预和人为因素的干扰，可由立法机关出面，建立由专家、政府官员等组成的咨询决策机构，对土地储备的中长期目标进行规划，对近期目标进行监控，对重大事项举行听政会，建立一套以目标考核为基础的评价体系，既让土地储备实施机构按照市场经济运作的规律进行运作，又保证其按照群众的要求进行科学运作，切实维护投资人的利益。

4.4.4.4　加强土地储备贷款的控制

金融机构要严格控制土地贷款规模，各级商业银行在发放贷款时，要认真征求同级房地产行政管理部门的意见，全面了解房地产企业的信用和资质情况，确保贷款安全。

①充分研究当地经济环境和土地市场发育状况。一个地区经济发展状况是土地市场能否活跃起来的前提条件，只有经济发展前景较好、土地市场日益活跃的地区，土地储备工作才有其存在的空间，否则土地储备工作就徒有虚名。此外，研究当地经济环境和土地市场发育状况还要考虑以下几方面的因素：一是地方土地管理制度和措施是否到位，二是土地隐形市场是否活跃，三是土地市场的供需状况等。如果一个地区土地市场发达但管理不到位，土地隐形市场活跃，土地储备机构同样无法按理想状况将土地供应出去。因此，对一个地区经济发展前景、土地市场环境等因素的可行性研究应是商业银行与当前土地储备机构合作的重要前提。

②充分了解当前城市总体规划和部分地区详细规划。在用具体地块抵押贷款时，商业银行必须充分了解具体地块的有关情况。由于大部分收购地块从收购到投放市场要经过一段时间，其中不确定因素较多，因此商业银行要通过了解城市规划等有关信息尽可能确定抵押地块的未来价值，尽可能选择升值潜力大或预期收益高的地块作抵押。

③积极探索有效的预防风险策略。在土地储备贷款中预防或降低风险，不仅要加强资金使用的监管，而且要积极关注配合，甚至直接介入土地收购储备机构或土地管理部门向市场供地环节，以保证资金的有效回收。例如，贷款银行可以同土地储备机构或其上级部门达成协议，储备土地的出

让费用直接由土地使用者缴纳到贷款专门设立的账户中；储备土地招标、拍卖时，贷款银行派人到现场，由中标人或竞得人当场与贷款银行订立协议，将抵押地块上的义务从土地储备机构转到中标人或竞得人身上。中标人可以根据具体情况缴纳费用解除抵押或以竞得地块继续抵押以取得贷款。这样不仅使贷款行的抵押贷款有了更加合法的保障，也增加了客户群，可谓一举多得。

4.4.4.5　土地储备贷款风险的防范

从以上分析可以看出，土地储备机构贷款中存在的风险主要是由法律和政策引起的。只要认真分析这些风险及风险产生的原因，并以科学的方法来处理问题，就能将风险降到最低。

①保证风险的防范。首先，银行在办理土地储备贷款业务时，应避免采用信用贷款的保证方式，尽量采用抵押物贷款，可以将储备的土地或其他实物资产或权利当作抵押物进行抵押贷款。

其次，国家应从法律上确定储备土地的使用权性质，使土地储备中心对储备的土地拥有法律意义上的支配权和处置权。

再次，落实土地贷款还款人。在土地储备贷款中，资金的运作方式有两种：一种是土地收购储备机构既是借款人，也是使用人。作为借款人，无论是财政的资金，还是银行的资金，都由土地收购储备机构负责归还；作为使用人，土地收购储备机构用这些资金收购和开发土地。另一种是土地收购储备机构只是资金的使用人，收购开发土地资金由财政筹措和归还，土地收购储备机构只负责收购和开发土地。在进行土地贷款中无论采用哪种运作方式，银行均要明确贷款的还款责任人，以免出现土地储备机构与政府部门之间互相推脱责任的情况。

最后，商业银行应加快改革，改善内部风险防范责任制，并通过加强金融市场竞争机制，尽可能减少制度风险。

②抵押土地评估风险的防范。防范土地评估风险的最佳方法是合理计算土地价格。土地估价要认真分析影响土地价格的因素，灵活使用各种土地估价方法，对土地价格做出最准确的判断。土地评估的实质就是在一定时点上对土地权利的计价。土地评估的风险大多出在价格计算上。因此，土地评估必须做好以下几点：

第一，及时更新土地价格信息。评估机构应向当地土地管理部门或房地产开发公司等有关单位询价，随时了解当地土地市场价格的变动情况。

第二，与委托单位保持密切联系。评估人员在评估期间应经常与委托单位保持联系。但是，对委托单位提供的情况，如宗地红线内基础设施开发程度等，有时只能作为参考，估价人员一定要经过实际验证分析，再根据评估目的做出取舍。

第三，确定恰当的估价基准日。土地使用价值的高低均以基准日的有效价格为标准，有的相隔仅几天，其价格会相差很大。因此，评估人员一定要了解并正确掌握基准日的价格，才能正确计价，不致出错。评估人员在平时要细心搜集和关注有关土地的价格变化，加以摘录登记，并保存好反映各种价格信息的文稿。评估人员要在工作底稿上注明价格的出处、日期和文号，以便在有争议或诉讼时，能有凭有据地说服对方。

第四，严格确认土地面积。土地评估对土地面积准确性的要求非常严格，因为即使多评或少评1平方米，都会影响委托单位的权益。因此，在进行土地估价时，评估人员一定要以市、县土地管理部门颁发的合法土地使用证书或地籍图上载明的面积为准，而不能随便把任何一个测绘队测量的面积作为评估的依据。

第五，切实做好审核工作。评估人员在检查复核时要严防数据错位、计算有误，必须做到"四相符"：土地评估报告书与估价结果一览表上的数字相符；估价结果一览表与宗地状况汇总表上的数字相符；宗地状况汇总表与工作底稿上的数字相符；土地评估报告书的正文内容与附件相符。特别要强调的是，土地评估报告书中的各种数据与工作底稿上的数字不得有丝毫差异。

4.5　本章小结

本章首先介绍了土地收购储备机制中的土地储备这一环节。实施土地储备，政府无偿收回的土地可以直接进入土地储备库。本章简要分析了土地储备现状，需要政府收购储备或征用储备的土地，一般采用直接利用土地储备基金，收购、征用土地进行储备的方式，或者以贷款担保的方式收购、征用并予以储备，或者以赊账方式购买、征用土地并予以储备这三种方式进行土地储备。本章指出了土地储备存在的问题。项目开发速度过快，靠"卖地"来搞城市建设，在一定程度上是"寅吃卯粮"，很容易对实体经济产生"伤筋动骨"的影响，最终影响发展后劲。不少城市有过类似教训，有的甚至至今尚未走出困境。部门之间缺少合作，在我国不少城市的政府机构设置中，规划与土地管理部门往往分设，计划、财政等部门更不在一个系统，一旦部门之间不能很好地衔接，就会影响土地推出和资金的回笼。

土地储备的利益分配机制方面也存在着一定的问题。本章运用博弈论和激励机制对上下级政府进行了分析。在经济关系上，中央政府和地方政府之间的博弈表现为上下级政府在土地资产上的事权、财权模糊不清，演化出上下级政府之间的权利之争或讨价还价，对土地收益分配等经济关系问题产生了直接影响。这种土地收益在国家和地方政府之间分配不平衡，引起的最大问题是由于受利益驱动的影响，地方政府往往只考虑本地区利益和短期（往往短到本届政府任期）利益，低价、大量出让土地，甚至不同地区之间竞相压低地价，进行恶性竞争，引起土地利用不合理，扰乱正常的土地市场秩序。土地储备涉及了上下级政府这样不同的利益群体，它们之间存在着利益的竞争，为使土地储备的整体收益最大化。本章着重介绍了离散激励、连续激励以及相对业绩比较激励这三个模型进行的分析，同时也对土地收购中的贷款风险进行了分析。我国土地收购储备的融资模式以土地储备贷款为主。这一融资方式具有一定的风险性，相关部门必须对土地储备贷款中可能存在的风险及时进行思考和制定对策，以保证贷款安全，防范金融风险，促进房地产市场和金融市场的稳定发展。本章最后提出了相应的解决方案。本章提出建立以法律制度、监督制度和管理制度三种制度约束为主的约束机制，进而更好地解决土地储备中存在的寻租问题；同时要进行机构建设，优化土地储备机构，建立健全土地储备基金制度，建立社会化的资金筹措机制，加强土地收购储备风险防控以及贷款风险防控，盘活存量土地、集约用地；强化政府调控职能，建立土地资源动态检测网络，等等。

5 土地储备运行机制中的土地供应

根据城市建设用地的需要，政府将那些经过一段时间的储备，并已完成前期开发的熟地，分期分批推向市场。通过收购环节进入储备体系的地块，在出让时均视为一级市场行为，统一纳入土地供应总量计划，通过协议、招标、拍卖等方式进入市场。随着土地市场行为的逐渐规范，出让的方式应逐渐转为招标和拍卖。这就是土地储备运行机制中的土地供应。

5.1 我国土地供应的现状

加入世界贸易组织后，我国已相应地开放金融市场、证券市场、农产品市场、土地市场等各种市场。这些市场的开放，推动着我国产业结构的大调整。产业结构的大调整必然会推动土地资源的重新配置，从而提高土地利用效益。土地资源的有效配置在很大程度上取决于土地资源的供求调节。

在我国的土地储备供应过程中，政府着重在土地一级市场上控制土地供应。在土地一级市场上，政府或其委托机构——土地储备中心在市场上高度垄断土地的供给。

土地储备供应的主体是土地储备中心，土地储备中心虽然不是完全意义上的以利润最大化为目标的微观企业，但它也不是福利机构，它供给土地是为了获取一定的收益。因此，影响土地储备供应的重要因素是价格。土地开发等成本是决定价格的基本要素。另外，市场竞争状态及竞争程度和政府政策等也是影响土地储备供应的重要因素。

土地是自然资源，似乎没有成本，然而土地的开发是有成本的。根据马克思的价值原理，价值是使用价值的货币表现。土地是具有使用价值的，因此土地的价格是地租收益的资本化，这也是土地成本的重要构成部分。另外，土地价值的实现要在市场中进行，这还涉及一些交易费用等，这也会构成土地成本的组成部分。可见，土地是有成本的，其高低体现在土地供给价格上。按照一般的供求原理，价格越高，供给数量越多；价格越低，供给数量越少，如果价格低于产品变动成本时，就没有商品供给了。土地储备中的土地供给是一种准市场供给，因此它在一定程度上受市场供求规律的影响和调节，土地储备的成本是影响其供应的重要因素。

土地储备的供给者在供给土地时还要考虑自身的收益。对自身有利才会供给土地，否则其是不会供给土地的。影响土地供给者收益的重要因素除成本外，还有收益分配。因此，土地收益的分配格局影响着土地供给。世界贸易组织中许多成员方，从土地的占有、使用、处分、转移、收益各个环节，建立和完善土地税制，以达到合理配置土地资源、调整收益分配的目的。美国是以由土地保有课税、土地开发利用课税、土地取得和转让课税构成的土地税制来调节土地收益分配的。欧盟成员国土地税制构成与美国大体相当。不同的是，在土地保有课税方面，法国等把土地归入不动产内合并征收。日本的土地保有税由地价税、固定资产税、城市规划税、特别土地保有税组成。上述国家都通过土地收益分配调节着土地的供给和分配。

市场竞争程度是影响土地价格的重要因素。不同的市场结构，其竞争程度是不同的。一般而言，完全竞争的市场的价格最为合理，资源能得到合理配置；完全垄断市场的竞争程度最低，价格和供给数量完全由垄断者操纵，资源得不到合理配置。市场结构在一定程度上由交易的数量和力量对比决定。如果有众多的供给者和少量的需求者，供给者会受需求者的垄断剥削；相反，如果有少量的供给者和大量的需求者，需求者会受供给者的垄断剥削。根据"小数谈判定理"，对某个厂商来说，潜在的交易对手数目的减少也可能增加市场的交易费用；如果交易者对交易对手的选择受到约束，交易人数的减少会增加交易的"搜寻"和"等待"成本，会降低合同谈判成功的概率，从而增加交易完成的费用支出，降低交易效率。这些都会影响土地供给。

城市开发（urban development）是以城市土地利用为核心的一种经济活动，主要以城市物业（土地和房屋）与设施（市政公用设施和公建配套设施）为工作对象，通过劳动和资金的投入，提高城市物质空间品质，并经过交换、分配和消费等流通环节，从而实现一定的经济效益和社会效益目标。城市开发的具体方式包括城市房地产开发、旧城改造与更新、城市公共设施发展等。城市开发类型不同，土地供应价格不同，进而影响土地储备的供给。一般来说，城市开发有商业性开发和公共性开发两种类型。商业性开发以开发利润为主要工作目标，通过对物业的投资和交换达到预期的商业效益，其主要方式是城市房地产开发。公共性开发以城市公共利益为主要目标，是通过政府部门、社会组织或私人机构对城市基础设施、配套设施以及其他非营利性项目所进行的开发活动，如道路设施开发、廉价住宅建设等。两种类型的土地价格明显不同，进而土地供给状态也不同。

土地产权制度主要是作为政府政策因素影响着土地的供给。从20世纪80年代初到20世纪90年代初，我国城市土地产权制度改革的进程可以分三个阶段：第一阶段（1982—1986年）：酝酿阶段，伴随着征收土地使用税；第二阶段（1987—1989年）：局部试点阶段，伴随着局部以协议、招标、拍卖的市场化方式配置城市土地；第三阶段（1990年开始）：全面试点和深化阶段，国务院发布了《中华人民共和国城镇国有土地使用权出让和转让暂行条例》，城市土地产权的市场化配置在全国范围内出现。由此形成了行政化和市场化双轨并存的城市土地配置格局。双轨制的弊端日益暴露出来，乃至滋生寻租现象，这不仅降低了城市土地配置效率，也直接导致了国家土地财产的流失。

土地作为不可再生资源，其供给本身是完全无弹性的，土地价格在一定程度上取决于市场对土地的需求。我国土地的供求情况有着不同的特点，主要体现在以下两个方面：

一方面，土地储备制度垄断土地供应量，改变了存量土地的供给。实施土地储备制度以前，城市存量土地由多个渠道供应，政府只能通过农用地转用、征用等手段控制新增建设用地的供应。对城市存量土地，政府不仅不能垄断其供应，甚至很难称其为一个供应者，即存量土地虽然数量庞大，但政府掌握的份额却很少。这些土地基本上被现在的使用者所控制。使用者可以通过补办出让手续转让土地，成为一个土地供应者。在这种市场环境下，土地市场的供求曲线具有较大的斜率，更加接近普通商品。政府无法控制土地供应，更无法对土地市场实施有效干预。实施土地储备制度以后，政府垄断土地供应，其他土地使用者不再有权进行土地出让，这使得在一定时期内土地供给量恒定，排除了其他潜在土地供应转变为现实土地供应的可能，从源头上控制了土地供应。在这种情况下，土地供给曲线便成为一条直线，并能被政府直接控制。政府达到了有效干预市场的目的，促进了有限城市存量土地集约利用。

另一方面，政府通过增减土地供应量来影响土地的供给。实施土地储备制度后，实现了"一个口子供地"，政府通过控制土地供应量，影响土地的供给，从而使得土地均衡价格、均衡供应量发生变化。土地的供给不变，均衡价格完全由土地的需求确定，随着需求的上升而上升，随着需求的下降而下降。政府通过增减土地供应量来控制土地供给的变化，以此来实现对土地市场的控制。这种控制是非常直接的，土地供应量的变化完全作用到土地的供给上，没有任何效果损失。就实施土地储备制度后的土地供给市场来说，土地价格的升降在土地供应量一定的情况下主要归因于需求的变化。

涉及土地资产管理和执法监察的法律、法规主要有两个部分，一部分是与土地资源与资产管理相关的、属于部门行政法的内容，如《中华人民共和国土地管理法》《中华人民共和国城市房地产管理法》《中华人民共和国城镇国有土地使用权出让和转让暂行条例》等，此外还有一些行政规章。另一部分是涉及整个行政管理领域立法的，称为公共行政法，如《中华人民共和国行政处罚法》《中华人民共和国行政复议法》和《中华人民共和国行政诉讼法》以及其他相关立法。

根据现行土地管理法规，储备土地的供应方式可以分为招标、拍卖、挂牌，协议出让两种类型。为了加快城市土地使用制度的转轨，我国政府规定商业旅游、娱乐和商品住宅等各类经营性的储备土地使用权通过招标、拍卖、挂牌的形式确定开发单位。以招标、拍卖形式直接出让储备土地使用权的，由土地储备中心提出计划和方案，土地管理部门按照有关法规组织实施，出让土地所得价款中相当于土地开发补偿费的部分应直接支付给城市土地储备中心。除了按规定以招标和拍卖方式挂牌出让的地块，其他储备土地使用权通过招标、拍卖、挂牌的形式确定开发单位，也通过协议形式约定开发单位。

5.2 我国土地供应中存在的问题

5.2.1 土地供应中的寻租问题

这里首先要明确，本书中对一级土地市场和二级土地市场是这样界定的：一级土地市场指政府供应的土地市场，二级土地市场指开发商在取得土地后对消费者的产品供应市场，即房地产市场。

根据《中华人民共和国城镇国有土地使用权出让和转让暂行条例》的规定，我国划拨土地使用权可以依法以补缴出让金等方式合法进入土地市场流通。原国有划拨土地几乎全部分散于土地使用者手中，在经济利益的驱动下，这些土地使用者纷纷通过协议出让、补缴土地出让金等方式将土地直接转入土地使用者手中，这种通过协议和补缴土地出让金的方式由于绕过了土地拍卖环节，其获得成本均低于通过"招拍挂"形式获得土地的成本。这种双方均有收益的土地出让形式驱使开发商通过更多方式来寻找可以协议出让和补缴出让金的土地，只有在迫不得已的情况下才通过土地交易中心取得土地，影响到土地"招拍挂"正常出让的效果，形成了以多种土地来源为基础的开发市场，这种土地成本的不公平性在房地产市场中的反映形式就是房价的参差不齐减少了以正常途径获得土地的开发商的积极性，并且无形中增加了其他开发商的项目风险。

5.2.2 土地供应带有模糊性，缺乏前瞻性和连续性

我国大多数地方已经建立了土地储备制度，实行土地收购、储备、供应的形式供给土地。由于我国土地供给机制的不完善、相关体系的不健全导致相当部分地区没有按照供给计划供应土地，不少城市采用的还是"以需定供，总量不限"的方式。有些地方即使有供应计划但还是立足于年供给计划，缺乏长期供给计划实施策略。

由于土地具有稀缺性，并且是人类取得物质财富和生活的基本生产资料，土地供给总是跟不上需求的步伐，土地供给不能以满足需求为基本目标。土地资源是有限的，一些地方政府为了满足土地需求而在供给决策中较少考虑规划限制和前瞻性，致使土地资源较早地被开垦完毕。即使在当今也会较早使政府陷入土地低效利用、无地可供的不利局面。

各地储备土地的供应原则上都采取了招标、拍卖、挂牌出让土地使用权的方式。采用"招拍挂"方式供应土地相对于实施土地储备制度以前以协议出让为主的方式是一个很大的进步，它有利于规范土地市场行为、显化土地资产价值，确保土地使用权交易的公开、公平和公正，减少国有土地资产流失。然而，以土地使用权设定标的，以土地使用权价格高低作为出让依据的储备土地供应方式会产生一个直接的后果——出让价格远远高于收购和前期开发的成本，土地使用权的价格不断上升。因此，这种储备土地出让方式因其自身的制度缺陷，使土地的供应模糊，也带来了一些负面效应。

5.2.3　土地有效供应不足

政府为调控城市发展规模，每年制订土地供给计划，根据市场需求提供一定量的土地。然而，由于城市化进程加速，城市人口规模增长速度过快和供应的土地被开发商囤积等原因，造成土地二级市场有效供给不足。

政府对二级土地市场缺乏有效的监管是致使土地被开发商囤积的一个因素。虽然政府针对城市建设用地制定了闲置土地处置办法，即得到建设用地使用权后 2 年内没有开工的收回土地使用权，但是土地年开发面积仍只占年出让量的一部分。

不仅如此，土地闲置现象在我国城镇中普遍存在，造成这一现象的原因有用地者方面的，也有政府方面的，还有历史方面的。土地的大量闲置造成了诸多不良影响，直接导致土地低效利用，影响了城市空间结构的优化和城市功能的全面提升，不利于房地产市场的健康发展。

5.2.4　城市房价上涨问题

土地储备机构对储备土地进行开发整理增加了土地资本价值，增值部分体现在土地价格中。自从土地收购储备制度在全国推广以来，城市土地的供应方式发生了较大的变化。在土地储备制度的框架下，政府通过征用、收购、收回、置换等方式取得土地以后，通常要投入资本对那些已经规划好的、准备投入市场的土地进行前期开发，之后根据市场需求和供地计划将这些土地投入市场。从土地收购到土地出让的过程中，土地储备机构为土地的开发整理所投入的巨额土地资本，推动了土地增值，必然要在土地价格中得到体现，从而引起土地价格上涨。

实施土地收购储备制度采取"招拍挂"方式出让土地，纠正了原来以协议方式出让土地所形成的扭曲地价，土地出让市场化程度的提高必然引起地价较大幅度上涨。推行土地收购储备制度，实施"招拍挂"方式出让土地，充分引入了市场竞争机制，不同需求者为获得土地展开激烈竞争，决定地价的是客观的供求关系，避免了人为主观定价，从而体现了市场经济公开、公平、公正交易的基本准则，土地资源在竞争中得到优化配置，引起地价合理上涨，进而导致了房地产价格上涨。

5.3　我国土地供应分析

5.3.1　土地储备供应过程中的博弈分析

第 3 章和第 4 章分别对在土地收购和土地储备过程中出现的各个利益群体进行了博弈分析，而在本章中同样存在着政府和开发商这两个不同的利益群体。下面对这两个利益群体进行博弈分析。

在土地市场上，政府与开发商的博弈焦点体现在对开发商的授权上，由于此种授权在某种程度上可以实现经济利益的低成本或零成本（不通过开发项目而只是由征地安置费用的不合理分配获取利益，被征地农民的利益相应受到损害），因此获取这种授权就成了开发商在对政府博弈中的现实目标。

授权过程同样是个行政过程。在行政过程中，相对方（开发商）与公务员之间展开面对面的博弈，但在理论层面所设定的行为模式中，相对方却是与以组织形式出现的行政主体之间进行较量，这种非对称性，或者错位，可能为非正当博弈的滋生与膨胀留下空间——或者行政机关采用机构灰色手段，或者公务员利用权力设租、寻租。由此可见，历经了行政主体—行政机关—公务员这两层信息非对称性的委托代理关系，公务员或者因收取租金而不能与相对方进行正当博弈，或者疏于激励与制约而不愿与相对方展开博弈，这毫无疑问会导致公益目标不同程度落空，并殃及第三者（在此博弈中为被征地农民）的利益。

在此博弈中，参与人 1 的行动集合有两种，即正常手段与灰色手段。参与人 2 的行动集合也有两种，即正常手段与灰色手段。我们用 Aa 和 Ba 分别表示参与人 1 和参与人 2 在双方都用正常手段时的收益；用 Ab 和 Bb 表示参与人 1 和参与人 2 在参与人 1 用正常手段而参与人 2 用灰色手段时的收益；用 Ac 和 Bc 表示参与人 1 和参与人 2 在参与人 1 用灰色手段而参与人 2 用正常手段时的收益；用 Ad 和 Bd 分别表示参与人 1 和参与人 2 在双方都用灰色手段时的收益。政府与开发商的博弈矩阵如表 5-1 所示。

表 5-1　政府与开发商的博弈矩阵

参与人 1	参与人 2	
	正常手段	灰色手段
正常手段	Aa，Ba	Ab，Bb
灰色手段	Ac，Bc	Ad，Bd

进行逻辑分析后不难发现，如果参与人 1 采取正常手段，则 $Bb=0$，即参与人 2 不能以灰色手段获取利益；如果参与人 1 采取灰色手段，则 $Bc<Bd$；同理，$Ad>Ac$。为了进一步分析，我们假设参与人 1 和参与人 2 均为纯粹的本位主义者，因此任何可能的获利机会没有被抓住的话就是损失，即 $Ab<0$，$Ba<0$。

在该博弈中，没有双方都能接受的纳什均衡解。对参与人 2 而言，如果参与人 1 采取正常手段，参与人 2 的最优策略是以正常手段获取利益；如果参与人 1 采取灰色手段，参与人 2 的最优策略是选择灰色手段。同样，对参与人 1 而言，如果参与人 2 采取正常手段，参与人 1 的最优策略是以正常手段获取利益；如果参与人 2 采取灰色手段，参与人 1 的最优策略是以灰色手段获取利益。因此，只要行政监察机制不完善，这种博弈就会无限期地进行下去，双方永远都找不到使双方均满意的策略。

由此可见，该博弈为一个混合策略博弈问题，即参与人 1 与参与人 2 是随机选择其策略的，双方的策略选择有一个概率分布（见图 5-1）。

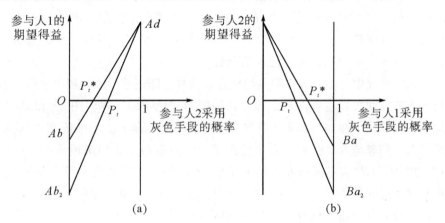

图 5-1　参与人 1 与参与人 2 的博弈策略概率分布

图 5-1 中横轴反映参与人使用灰色手段的概率，其分布在 0~1，用 1 减去采用灰色手段的概率就是其使用正常手段的概率。纵轴反映了对应参与

人采用灰色手段时参与人的期望得益。图 5-1 中 Ad 和 Ab 的连线与横轴的交点 P_t^* 为参与人 2 采用灰色手段的概率。因为 Ad 和 Ab 的连线上每一点的纵坐标都是参与人 1 在参与人 2 选择该点横坐标表示的采用灰色手段的概率时选择的期望得益。

假设参与人 2 选择采用灰色手段的概率小于 P_t^*，此时参与人 1 的期望得益小于 0，因此其肯定会选择正常手段。如果参与人 2 使用灰色手段的概率大于 P_t^*，参与人 1 采用灰色手段的期望得益大于 0。在此时，采用灰色手段是"划算"的。因此，参与人 2 在采用灰色手段的概率不小于 P_t^* 的情况下，尽量降低采用灰色手段的概率是"划算"的。参与人 2 采用灰色手段的概率趋于 P_t^*，即其混合策略是采用灰色手段的概率为 P_t^*，采用正常手段的概率为 $1-P_t^*$。同理可以证明参与人 1 的混合策略是采用灰色手段的概率为 P_t^*，采用正常手段的概率为 $1-P_t^*$。

在图 5-1（a）中，如果把参与人 1 采用正常手段的得益由 Ab 降为 Ab_2，即如果不采用完善制度、加大惩罚力度而使制度有较多的漏洞存在，那么参与人 2 采用灰色手段的概率会由 P_t^* 升为 P_t。如此参与人 2 首先会选择采用灰色手段而长期中仍会选择混合策略。参与人 2 采用灰色手段的概率上升为 P_t。同理，在图 5-1（b）中，如果采取相应手段，如完善制度、加强监督等，参与人 1 采用灰色手段的概率会由 P_t^* 降为 P_t。从模型分析，在实际中，某些开发商正是利用了制度漏洞和某些政府官员采用灰色手段，从而采用灰色手段获取利益，这种趋势若不改变的话，参与人 1 采用灰色手段的概率与参与人 2 采用灰色手段的概率都会在一个较高的水平上徘徊。这种情况造成的后果是殃及第三者（被征地农民），而且作为国家利益代表的参与人 1 采用灰色手段还会造成国有资产的大量流失。由于任何行政行为都具有程度不同的自由裁量空间及行政主体对机会成本的考量，因此政府在机制创新上明显动力不足，这也是一些政府相关部门在征地过程中不能完全代表公众利益甚至忽视征地农民利益的原因所在。

5.3.2 土地供求的分析原理

土地作为不可再生资源，其供给本身是完全无弹性的，其供给曲线是一条垂直于横轴的直线，土地价格的决定在一定程度上取决于市场对土地的需求（见图 5-2）。

我国土地的供求却与此相悖，往往表现出如图 5-3 所示的情形。土地储备制度就是要实现如图 5-2 所示的土地供求的真实回归。

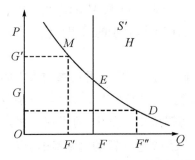 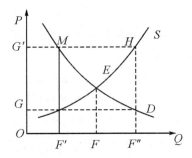

图 5-2　政府通过土地储备影响供给曲线　图 5-3　土地均衡价格

5.3.2.1　土地储备垄断土地供应量，改变存量土地供给曲线

实施土地储备制度以前，城市存量土地由多个渠道供应，政府只能通过农用地转用、征用等手段控制新增建设用地的供应。对城市存量土地，政府不能垄断其供应，甚至很难成为一个供应者，即存量土地虽然数量庞大，但政府掌握的份额却很少。这些土地基本上被现在的使用者所控制。使用者可以通过补办出让手续转让土地，成为一个土地供应者。对于使用者来说，土地供给机会成本较土地供给收益不可忽略。在这种市场环境下，土地市场的供求曲线具有较大的斜率，更加接近普通商品。政府无法控制土地供应，更无法对土地市场实施有效干预。

实施土地储备制度以后，政府垄断土地供应，其他土地使用者不再有权进行土地出让，这使得在一定时期内土地供给量恒定，排除了其他潜在土地供应转变为现实土地供应的可能，从源头上控制了土地供应。在这种情况下，土地供给曲线便成为一条直线，并能被政府直接控制。政府达到了有效干预市场的目的，促进了有限城市存量土地集约利用。

5.3.2.2　政府通过增减土地供应量以移动土地供给曲线

实施土地储备制度后，实现了"一个口子供地"，政府通过控制土地供应量影响土地供给曲线，从而使得土地均衡价格、均衡供应量发生变化。土地供给曲线垂直不变，均衡价格完全由土地需求曲线确定，随着需求曲线的上升而上升，随着需求曲线的下降而下降。政府通过增减土地供应量来控制土地供给曲线的左右移动，以此来实现对土地市场的控制。这种控制是非常直接的，土地供应量的变化完全作用到土地供给曲线上，没有任何效果损失。就实施土地储备制度后的土地供给市场来说，土地价格的升降在土地供应量一定的情况下主要归因于需求曲线的移动。此时若土地市场炒作气氛较浓，就会使土地总体需求曲线右移，引起房价较大幅度上涨。

这也是出台必要的法规和措施，限制炒作行为对稳定房地产市场的意义所在。

在图5-4中，当土地供应实行限量1后，在新的市场条件下，土地供给曲线由 S 变为 S'，均衡价格由 P 升高到 P'。图5-4中的 $F3$ 为政府调控土地量。此时均衡价格已有所上涨。政府可以通过土地供应量 $F3$ 影响土地供给曲线。

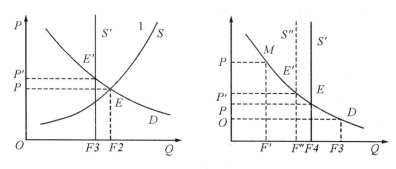

图5-4　政府通过变化土地供应量影响市场

5.3.3　土地供应定价理论分析

5.3.3.1　储备土地定价的理论分析

土地储备供给价格的确定，即土地出让价格的决定。土地出让是土地在市场中的价值实现。土地出让市场中的价值实现，直观地看似乎很简单，既然土地出让是土地使用权的批租，那么土地出让的市场价值实现不过是土地使用权的价格确定而已。事实上，土地使用权是个复杂的产权体系，包括土地使用权的价值权、土地使用权的使用价值权、土地使用权的行政权和土地使用权的经营权等，并且各种权属在土地出让中又是独立存在的。笼统地讲，土地使用权定价在形式上可以多种多样，如土地使用权的协议价格、拍卖价格等，但在理论分析上却有相当的难度，细分后的土地使用权定价则更难。除了不可绕过的土地使用权定价之外，对土地出让市场中的价值实现问题，还必须在土地原本的商品意义上给出价格定义。因为土地出让背后有着供求关系对土地商品价格的影响的作用。与之相对应，土地出让的资源含义已走进市场之中，土地资源保护的价值补偿或价格实现问题更是不可避免的。因此，本书从土地的价值构成入手，探讨其价格的决定。

①从土地价值的基本构成看土地供应价格。土地价值在土地出让市场

中得以实现的含义如下：土地使用权作为土地市场对象的价格决定与实现、土地商品价值的实现、土地资源稀缺的价格意义和资源保护价格的决定与实现，三种价值形态的有机总和构成土地出让市场中的实际地价水平。因此，土地供应价格应包括以下几部分：

第一，土地使用权价格。《中华人民共和国城镇国有土地使用权出让和转让暂行条例》规定，城镇国有土地使用权可以在土地市场中出让和转让。因此，土地使用权直接表现为市场对象物，其权能即为土地的效用表征，其价格即为土地使用权"商品化"的价格。进一步地理解，土地出让是土地受让者对较长时期内的土地使用权的租用，土地租赁的实质未变，只不过是与短期出租相比租期较长而已。因此，土地出让中的地价实现是地租的市场化，租金自然是土地出让价格的体现。土地出让是土地使用权批租，价值表现是土地的使用权价格。这个土地的使用权价格还应包括土地使用权交易费用，这是实现土地使用权出让的基本费用，不同于商品交换中的"流通费用"。土地使用权交易费用包括纯粹交易费用与出让经营代理成本两部分。纯粹交易费用如土地丈量、测算费，与协议、招标、拍卖等形式有关的土地的咨询费，专家对投标书的评议费，拍卖仪式和场地费，等等。出让经营代理成本主要是付给代表国家或政府的土地管理部门进行土地出让工作或活动的成本费用。

第二，土地资源价格。人们都已普遍认为自然资源是有价值的，这种价值随着自然资源稀缺性的增加而日益上升。这个事实已被越来越多的政府决策者和经济学家们所觉察，并在有关的经济政策中考虑了自然资源日益稀缺的影响。一般来说，如果市场发育完善和健全，这种缺稀性将会通过价格得到反映。土地是稀缺资源，资源价值就体现为资源价格。

②从地价的本质构成看土地储备定价。地价的本质应是土地出让年限内地租的贴现值总和，即地租的资本化。这一地租自然是全额地租，即由绝对地租、级差地租Ⅰ、级差地租Ⅱ、垄断地租所构成的。这也就是地价的理论构成。无论是基准地价、标定地价还是土地出让金，其本质与理论构成都是完全相同的。其中，基准地价、标定地价都是理论地价；土地出让金则有理论的土地出让金与实际的土地出让金之分——前者属于理论地价，后者属于实际地价。

从土地构成的二要素来看，地价可以分解为两大部分：土地物质价格和土地资本价格。其中，土地物质是指由自然界形成的、不含人类劳动的部分，其价格当然与劳动耗费无关，仅仅取决于国家对土地所有权的垄断而产生的绝对地租（城市土地的绝对地租是最差的土地所要求的最低限度的地租)、级差地租Ⅰ(位置较好的城市土地所要求的、在不同程度上高于绝对地租的差别地租)和垄断地租(极少数黄金地段所要求的额外地租)。土地资本所要求的地价取决于国家对土地进行投资(如土地开发、城市建设)而形成的级差地租。

综上所述,土地储备理论价格应主要包括以下几部分:土地使用权价格、土地资源价格、土地价值价格(级差地租)。

5.3.3.2 土地储备定价的实际构成

我国城镇地价的实际构成有两种:一是把地租理论应用于实际,对实际生活中所存在的地价构成进行理论上的辨析而给出的地价构成;二是用成本法估算的土地出让价格。

①地租理论意义上的地价构成。

第一,农地征用费。在这里,我们不妨把征用农地所发生的全部费用(含补偿费、安置费、税金、管理费等)视为农地的完全价格,并且可视为"农转非"的城市土地的最低价格。进一步,我们可以把这部分价格视为城市土地的绝对地租的资本化而形成的"绝对地价",即城市边缘地区的土地所要求的最低地价。尽管在农地价格中包含着土地物质的价格从而与绝对地价的内涵不完全符合,但是对城市土地来说,农地中的土地物质一般并不具有使用价值,而农地征用费又是城市土地出让价格的最低界限,因此把农地征用费当成农地的绝对地价是大体可行的。

第二,土地开发费。对土地进行投资,加以开发,会形成土地资本,自然应计入地价。把土地开发费视为级差地租Ⅱ的资本化所形成的"级差地价Ⅱ"计入地价也是合乎地租理论的。由土地开发费所形成的地价可命名为级差地价Ⅱ$_a$。

第三,城市建设配套费。把部分城市建设项目视为土地开发的配套项目而把其投资的一定份额也作为级差地价Ⅱ的组成部分,在地租理论上并无不妥。因为这部分投资的作用从本质上来看与土地开发费是相同的。为区别于土地开发费,这部分地价可命名为级差地价Ⅱ$_b$。

第四,"土地出让金"。一些人所习惯使用的、与上述三个项目并列的所谓"土地出让金",若从地租理论的角度,在实质上加以判断,就只能属于级差地租Ⅰ和垄断地租资本化所形成的级差地价Ⅰ和垄断地价的范围了。由于垄断地价是级差地价Ⅰ的特殊部分,因此可以笼统地称为级差地价Ⅰ。显然,称之为"土地出让金"是完全错误的。如前所述,土地出让金是在基准地价、标定地价等理论地价的基础上加以落实的地价,它与前两者的本质和构成是相同的。确切地说,地价的这一部分应当称为土地位置差价,简称位差地价。

如此，我们可以列出我国城镇实际地价构成：

城镇实际地价＝农地征用费（绝对地价）＋土地开发费（级差地价Ⅱ$_a$）＋城市建设配套费（级差地价Ⅱ$_b$）＋土地位置差价（级差地价Ⅰ）

上述公式以地价理论构成为基础，规范了地价的实际构成。这一构成无论是对基准地价、标定地价还是土地出让金，都是适用的。其中，农地征用费、土地开发费、城市建设配套费三项的共同特点是发生费用支出，因此可以统称为成本地价。

概括而言，整个城镇实际地价等于成本地价与位差地价之和。

②成本法估算的土地供应价格构成。如果用成本法（成本法是依据开发或建造待估不动产或类似不动产所需要的各项必要正常费用，包括正常利润、利息和税费，而评估待估对象价格的方法）来估计土地出让价格，即供应价格，其主要构成如下：

第一，土地取得费用。土地取得费用是为取得土地而向原土地使用者支付的费用。土地取得费用分为两种情况：一是国家征用集体土地而支付给农村集体经济组织的费用，包括土地补偿费、地上附着物和青苗补偿费以及安置补助费等。一般认为，土地补偿费中包含一定的级差地租。地上附着物和青苗补偿费是对被征地单位已投入土地而未收回的资金的补偿，类似地租中所包含的投资补偿部分。安置补助费是为保证被征地农业人口在失去其生产资料后的生活水平不致降低而设立的，因此其具有从被征土地未来产生的增值收益中提取部分作为补偿的含义。二是为取得已利用城市土地而向原土地使用者支付的拆迁费用，这是对原城市土地使用者在土地上投资未收回部分的补偿，补偿标准各地有具体规定。

第二，土地开发费用。土地开发费用主要包括以下内容：

一是基础设施配套费，通常概括为"三通一平"和"七通一平"费。"三通一平"是指通水、通路、通电，平整场地。"七通一平"是指通上水、通下水、通电、通信、通气、通热、通路，平整场地。

二是公共事业建设配套费用。这主要是指邮政、图书馆、学校、公园、绿地等设施的费用。这与项目大小、用地规模有关，各地情况不一。

三是小区开发配套费。各地根据用地情况确定合理的项目标准。

四是投资利息，即在整个开发期和销售期的投资利息。

五是投资利润，即对投资者的回报，既可以按土地取得费和土地开发费之和乘以一定的投资回报率进行计算，又可以按土地出让的地价乘以一定的投资回报率计算。

第三，土地增值收益（或土地开发利润）。这主要是由于土地的用途改变或土地功能变化而引起的。由农用地转变为建设用地，新用途的土地收益将远高于原用途的土地，必然会带来土地增值收益。这种增值是土地所有权人允许改变土地用途带来的，应归整个社会所有。如果土地的性能发生变化了，提高了土地的经济价值，也能使土地收益能力增加。这种增加的收益是由土地性能改变而带来的，同样应归土地所有者所有。

5.3.3.3 土地供求与定价实现的关系

储备土地价格的实现过程，其实也是土地收益分配的过程。土地价格的实现在很大程度上取决于土地评估的真实性和土地供求关系。

从表 5-2 中地价实现状况及其原因可以看出，评估地价的原额、超额、欠额实现，取决于估价是否准确、投资额及投资效益是否变动以及供求关系是否变化。在分析每一种原因的作用时，假定其他两种原因不变。因评估欠准确而造成地价实现状况的差异，一般并无实质性意义，应防止的主要是估价过低而原额实现甚至欠额实现，以致土地收益无端流失。投资状况变化会引起地价实现状况的变化，这要求人们要据此而相应地调整地价。

表 5-2　地价实现状况及其原因

地价实现状况	估价	原因	
		投资	供求
原额实现	适当	投资状况不变	供求相当
超额实现	过低	投资额追加，投资效益提高	供不应求
欠额实现	过度	投资额减少，投资效益降低	供过于求

影响地价实现的最主要的原因是土地的供求状况。这一状况不仅影响整个土地价格的金额，而且会具体影响到评估地价的每一个项目的实现状况。图 5-5 形象地表明土地供求与地价实现状况。

由图 5-5 可以看出，如果评估时预计土地需求量为 D_a，土地供应量为 Q_a，则评估地价为 P_a，其中包括农地征用费 a，土地开发费 ab，城市建设配套费 bc 以及位差地价 cd，地价实现状况就完全取决于土地供求状况了。当需求旺盛、价位较高时，地价的各个项目均可以得到实现，而在需求疲软、价位较低时，甚至连成本价格都不可能完全实现。

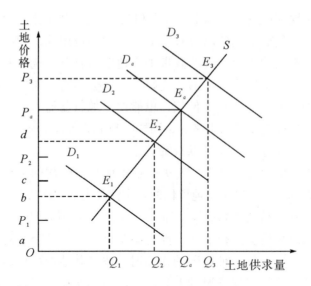

图 5-5 土地供求与地价实现状况

具体来说，若土地供求在 E_a 点上实现平衡，则意味着实现了预计的供求平衡，P_a 可以完全实现。若土地供求在低位上实现平衡，则意味着相对于预计而言，形成了供过于求的局面，P_a 就不可能完全实现。例如，若在 E_1 点上实现供求平衡，就只能实现部分成本地价；若在 E_2 点上实现供求平衡，则能实现全部成本地价，但位差地价却不能全部实现。反之，若土地供不应求，则会在高位上（E_3 点）实现供求平衡，而使地价达到 P_3，即超过评估价格。

说明：a 为农地征用费（绝对地价），ab 为土地开发费（级差地价 II_a），bc 为城市建设配套费（级差地价 II_b），cd 为位差地价，S 为土地供应量曲线，D_a、D_1、D_2、D_3 为不同的土地需求量曲线，E_a、E_1、E_2、E_3 为不同的土地供求均衡点，P_a、P_1、P_2、P_3 为不同供求状况下的地价。

在图 5-5 中，土地供应曲线的斜率大于零小于无穷大，意味着尚有后备土地资源可投入供应，因此供求关系还不是决定地价的唯一的、绝对的因素。如果土地供应曲线为垂直线，即斜率为无穷大，土地供应量完全固定，则地价完全取决于需求量。

一般而言，评估地价的分配顺序依次为农地征用费、土地开发费、城市建设配套费、土地位置差价。其理由是，从经济核算的角度来看，自然要先弥补成本地价。当地价按原额实现时，对成本地价的弥补自然意味着成本地价各个项目的出资者各自保本得利（成本地价的各个项目都由 $C+V+M$ 所组成）。此时，如果成本地价的数额评估正确，则土地位置差价必然会按原额实现。如果地价按欠额实现，则必然要按土地位置差价、城市建设配套费、土地开发费、农地征用费的顺序依次抵减。

关于如何在中央与地方之间分配已实现的地价，较好的解决方法是对于其中的成本地价采取谁出资谁收回的原则。至于土地位置差价，即级差地价Ⅰ，从原则上来说应归土地所有者（国家）所有，之后由国家适当分配其中的一部分归地方使用。地方政府故意高估成本地价，以便多获得土地收益，当然是不对的；中央政府任意压低地方政府合理的土地成本价格，也是不应当的。

5.4　土地供应问题的解决方案

5.4.1　土地供应要符合城市中长期建设规划要求

城市政府应该以城市中长期发展规划和城市土地利用规划为基础，制定详尽、科学的土地出让计划。土地供应计划的制订应坚持层次性、公开性和合理性原则。所谓层次性，是指既要有短期城市土地供应计划，即一年期的土地供应计划，又要有中期的土地供应计划，即3~5年期的土地供应计划。这样就可以保持土地利用的连续性，促进土地的合理利用。所谓公开性，是指城市土地供应计划要向社会公布，特别要使定期公布短期城市土地供应计划成为一种制度，这样就可以使公众了解未来一年内城市政府供应土地的面积、区域、方式和时间，增加土地市场的信息量，为投资者提供可靠的决策依据。所谓合理性，是指城市土地供应计划既要科学，又要具有可操作性。政府在制订计划时，应对城市的土地需求进行科学的预测，调查城市房地产市场的现状，并对其发展进行预测，再结合城市现有存量土地面积、未来回收土地以及新增土地面积，制订计划草案。计划草案应征询房屋、环境、交通等部门和开发商的意见，进行修改后再上报上级主管部门进行审批，最后向公众公布。城市土地供应计划还应具有可操作性，计划不仅规定拟供应土地的区位和面积，还应规定土地的供应方式、供应时间、规定用途和利用限制等。制订和公布土地供应计划是完善城市土地供应机制的基础，有助于提高城市土地管理的科学性，促进城市土地市场的完善。

5.4.2 重视房地产市场预测分析

2008 年美国的金融海啸席卷了全球，面对严峻形势，保持经济平稳较快发展，防止出现大起大落，是我国的重要任务。为了更好地应对和抵御金融危机的影响，中央出台扩大内需促进经济增长的十条措施，对克服当时的困难和保持长期的发展都具有重大意义。国务院部署了落实中央政策措施的七项工作，其中就包括促进房地产市场平稳健康发展。房地产业是国民经济的重要支柱产业，对拉动钢铁、建材以及家电家居用品等产业的发展举足轻重，对金融业稳定和发展至关重要，对推动居民消费结构升级、改善民生具有重要作用。我们要认真分析和研究房地产市场的形势，正确引导和调控房地产走势；要增加廉租房、经济适用房等保障性住房的投资收购和开发建设；落实和完善促进合理住房消费的政策措施；促进中小户型、中低价位普通商品房开发建设稳定发展；加快发展二手房市场和住房租赁市场；继续整顿房地产市场秩序，规范市场交易行为。城市政府建立土地储备制度的目的就是要对土地进行宏观调控，保证房地产市场健康和理性发展。但是，做好宏观调控的首要任务就是要对市场有很好的了解和把握，不仅要清楚市场目前的状况，还要预测市场未来的走势和发展，做到既充分发挥土地储备的作用，又尽可能减小垄断的负面影响，保证供给和需求的均衡。概括而言，准确预测房地产市场有两个作用：一是通过预测市场需求曲线，指导土地储备机构合理确定土地储备量和供给量。合理的土地储备量可以减少土地储备机构的资金压力，实现长期规划；合理的土地出让量可以改变房地产市场供不应求的局面。二是合理预测土地价格走势，确定符合市场规律的土地起始出让价，引导市场理性发展。

房地产市场包括商品房市场和土地市场。根据供给和需求理论，在政府逐步实现土地一级市场垄断的情况下，政府具有土地供给的主动权，因此对土地市场的预测就是对土地市场需求的预测，对土地市场需求的预测的前提又是对商品房市场需求的预测。

5.4.2.1 商品房市场需求的预测

前面已经对商品房市场的需求进行过分析，我国许多城市的商品房真实需求潜力严重不足，短期投资性需求的成分较大，即虚假需求较为严重，因此需要结合各地历年的销售数据来进行初步预测。影响商品房市场需求的因素大概有以下几个：

①国民收入及人均消费性支出。收入决定了需求的层次和数量，因此

住房需求与人均消费性支出紧密相关。住房需求可以以消费性支出为数据基础进行市场预测，即以预测年的前一年和前 n 年的相关数据为基础，对前几年的数据按照距离预测年的时间顺序赋予不同权重，采用加权平均法推算出预测年的商品房均价和人均消费性支出，并以此推算出预测年的商品房的需求量。

②城市人口发展。人口发展客观上加大了房屋需求量，因此可以通过预测人口增长率和人均住房面积增长率来预测商品房的需求量。运用加权平均法预测出预测年的人口增长率和人均住房面积增长率，再根据上一年的城市人口数和人均住房面积就可以求出预测年的总人口数和人均住房面积，由此就可以得出该年的住房总面积数，之后再减去已有住房面积就得出了预测年尚需住房面积。

③房屋的空置情况。对通过以上两种预测方法所求出的预测年的商品房需求量进行综合，取平均值，同时还必须考虑房屋的空置情况，从房屋预计需求量中减去空置房屋量，这样才是市场上比较准确的商品房需求量。

5.4.2.2 土地市场需求的预测

土地市场需求与商品房市场需求紧密相关，同时土地市场的需求方向并不仅限于商品房开发，还包括工业和商业等多种用地，这里仅就商品房开发用地的需求进行分析研究，其他用途的用地的市场预测也基本类似，不做过多论述。

对商品房市场需求的预测是对土地需求预测的基础。有了商品房的需求量，我们可以根据容积率和建筑密度等指标近似推算出土地需求量。

当然，由于土地隐形市场的存在以及仍有大量土地为企业所囤积，因此在实际预测土地市场的需求量时，必须要考虑多方面因素。

①企业土地储备情况。大量土地进入了土地储备范围，这部分土地需要政府认真普查，重点清理。政府要通过限期开发和到期收回等方式对该部分土地进行控制，以实现对土地的垄断，真正体现土地储备制度的作用。

②城市规划版图限制。每个城市都有自己的地形特征和发展规划方案，因此土地储备机构必须综合考虑整个城市的规划和版图限制，对可开发用地有一个通盘的估计和掌握，既不能过度开发，也不能盲目限制，必须科学制订土地使用计划，使每年的土地出让量始终保持在一个科学合理的水平。

5.4.3　合理引导土地供应价格，抑制地价过快上涨

土地供应价格由土地收购价、土地储备成本和一定比例的预期土地增值收益组成。引导土地供应价格必须控制和把握好土地收购、整理储备和供应的每一个环节，通过理性引导土地供应价格，达到相对稳定地价的目的。

在土地收购阶段，土地储备机构需要巨额资金加以支持，而与此相对应的却是土地收购资金匮乏、来源单一，各地土地储备中心在资金筹措上大部分依赖商业银行贷款。大量依赖商业银行贷款所带来的巨大的利息压力，增加了土地收购成本。提高自有资金比例以减少利息支出，将是保障土地收购工作顺利进行且控制成本的有效策略。政府可以考虑从缴入地方国库的土地出让金中，划出一定比例资金，并广泛吸收社会上的闲散资金来建立国有土地收益基金，并将其主要用于土地收购储备。

在土地储备阶段，我国大多数城市实行的是一种以行政职能为主导的土地整理运作模式，即以行政权力推动为主，参与主体也是政府部门或其委托的有关机构，土地整理专业化、市场化程度较低，成本却较高。因此，我国要在土地整理前期引入市场竞争机制，通过招投标方式来选取专业化的土地整理公司，由中标的专业化的土地整理公司负责土地整理工作的具体实施，从而达到提高土地整理质量、节约土地整理成本的目的。

在土地供应阶段，我国法律规定各类经营性用地必须以招标、拍卖或挂牌方式出让。从具体运作上来看，"招拍挂"方式遵循是"价高者得"的原则，容易引起土地成交价远高于收购和前期开发的成本，特别是在一些开发商的非理性竞价下，往往会造成土地市场价格与其真实价值大幅度偏离。土地"招拍挂"方式之所以会出现这样的负面效应，与这几种出让方式本身过分强调价格指标密切相关。笔者认为，在今后土地出让过程中，可以做多元化考虑，价格作为其中的一项重要因素，综合考虑楼盘的品质、户型等各种因素进行招投标，保证竞争的同时又体现了政府对土地市场的引导。

5.4.4　创新城市储备土地的供应方式

解决城市储备土地供应问题，可以更多地创新城市储备土地的供应方式。

5.4.4.1 变土地使用权"招拍挂"为建设项目招标

现行城市储备土地供应"招拍挂"方式的标的物是储备土地的使用权，此时该拟供土地的开发用途、建筑容积率、建筑密度等使用条件和开发建设时限都已经由政府城市规划管理部门或其他相关部门予以确定，并作为土地供应的附加条件。也就是说，此时的土地使用权实质上已经变成了建设项目的开发权，用地单位通过"招拍挂"方式购买的名义上是土地使用权，实际上是以该储备土地使用权为基础的建设项目开发权，而土地使用权只是作为建设项目的基本前提而存在。

既然如此，是否可以将储备土地的供应方式由土地使用权的出让转变为以该储备土地使用权为基础的建设项目的出让呢？如果这种转变可以改变上述单纯以土地使用权为标的、以土地使用权价格高低为依据的供应方式带来的负面效应，那就是可以的。

土地使用权作为一种价值单一的财产权，可以采取招标、拍卖或挂牌的交易方式供应。建设项目是由技术因素与价值因素等多个要素构成的，不适合采取单一准则的拍卖和挂牌方式交易，而只能采取招标方式。变储备土地使用权的出让为以储备土地为基础的建设项目的出让，实际上就意味着土地使用权价格不再是唯一的成交指标而只是建设项目招标评标指标中的一个因素。这必然会使得用地单位加大对非地价的技术因素的重视，同时减少城市政府以及用地单位对土地使用权价格的预期，由此产生对高地价的抑制，从而达到减少储备土地"招拍挂"供应方式导致地价高涨所带来的上述负面效应。

因此，创新城市储备土地的供应方式，将土地使用权的"招拍挂"转变为以该储备土地使用权为基础的建设项目的招标，是完全可能的。这种转变将会改变政府的形象，进一步完善我国的城市土地储备制度。

以储备土地为基础的建设项目的招标，标的是建设项目，拟出让的土地使用权是建设项目的物质实现条件。招标的项目由两部分组成，其一为商务标，即针对土地使用权价格所设的标；其二为技术标，即针对项目规划设计方案和建设管理措施所设的标。从内涵上讲，建设项目招标方式中的商务标就相当于现行的土地使用权"招拍挂"出让的内容，但以储备土地为基础的建设项目招标方式增加了技术标，其内涵更为丰富。

具体而言，商务标设定的是土地使用权的出让价格，在实际操作中并非遵循"开价越高，评定越优"的评价标准。土地储备机构组织专家参考土地取得成本和城市基准地价，根据拟出让土地的区位、面积、地质、地势、地形、交通、环境等，设定一个合理的投标价格区间，当投标者的投标价格低于或超过这个区间时，该投标当即被否决；对符合这一区间的投标价格再根据"开价越高，评定越优"的原则，给出相应的评分。这样既不会使土地使用权出让价格过低，又防止了用地单位非理性高价获取土地使用权，再将增加的土地取得成本转嫁给消费者的情况。城市政府始终获得理性而相对较高的出让收益。

技术标设定的是建设项目的规划设计方案与建设管理措施，其中包括项目用途、规划指标、外观设计、建筑技术、环保节能、建设期限、经营管理等指标。

土地储备机构组织相关领域专家综合评定各个项目的各项指标，给出相应的评分，最后加权获得该投标的总技术标评分。

在对各投标人两项投标进行评分后，专家对商务标评分和技术标评分根据预先设定的一定比例进行加权，综合得分最高者为该项目的中标人，获得该储备土地的使用权以及以该储备土地为基础的建设项目的建设开发权。

5.4.4.2 土地供应创新方式的运行模型及运行机制

①项目分解。商务标的评价标准是投标者的开价（quotation），专家参考城市基准地价，根据拟出让土地的区位、面积、地质、地势、地形、交通、环境等，设定出让最低价 Q_1 和最高价 Q_2，则合理的投标价格区间即被设定为 $[Q_1, Q_2]$。

技术标的评价指标（criterion）有 C_1，C_2，C_3，$\cdots$，C_n。各评价指标所占比例（proportion）分别为 p_1，p_2，p_3，$\cdots$，p_n。

商务标和技术标在总评定中所占的比例分别为 P 和 P'。其中，$P + P' = 1$。

②投标。假设有 M 个投标人投标，根据法律规定，如果 $M < 3$，招标人应该重新招标；如果 $M \geq 3$，招标有效。

③商务标的评标。直接否决开价不在投标价格区间 $[Q_1, Q_2]$ 的投标。对在投标价格区间的 M' 个投标，专家按照一定的评价标准，遵循"开价越高，评定越优"的原则进行评分，评出各个投标的商务标评分（score）为 S_1，S_2，S_3，$\cdots$，$S_{M'}$。

④技术标的评标。分别评定各技术标评价指标，获得各技术投标书的多个单技术指标评分（$s_i c_j$，$i = 1, 2, 3, \cdots, M$；$j = 1, 2, 3, \cdots, N$）。

技术指标 C_1：$s_1 c_1$，$s_2 c_1$，$s_3 c_1$，$\cdots$，$s_M c_1$

技术指标 C_2：$s_1 c_2$，$s_2 c_2$，$s_3 c_2$，$\cdots$，$s_M c_2$

技术指标 C_3：$s_1 c_3$，$s_2 c_3$，$s_3 c_3$，$\cdots$，$s_M c_3$

……

技术指标 C_n：s_1c_n，s_2c_n，s_3c_n，…，s_Mc_n

加权计算各技术投标书的总技术标评分（S_k'，$k = 1$，2，3，…，M）。

技术投标书 1：$S_1' = \sum_{i=1}^{N} s_1c_i \times p_i$

技术投标书 2：$S_2' = \sum_{i=1}^{N} s_2c_i \times p_i$

技术投标书 3：$S_3' = \sum_{i=1}^{N} s_3c_i \times p_i$

技术投标书 M：$S_4' = \sum_{i=1}^{N} s_Mc_i \times p_i$

⑤两项投标的综合评分。直接否决商务标和技术标不符合要求的投标人的标书，剩余 M' 个合格投标；评定各投标人两项标书的综合评分。

投标人 1 的标书总得分：$Z_1 = S_1' \times P' + S_1' \times P'$

投标人 2 的标书总得分：$Z_2 = S_2' \times P' + S_2' \times P'$

投标人 3 的标书总得分：$Z_3 = S_3 \times P + S_3' \times P'$

……

投标人 M 的标书总得分：$Z_{M'} = S \times P + S_{M'} \times p$

⑥定标。Z_1，Z_2，Z_3，…，$Z_{M'}$ 中分值最高项，即 $\max \{Z_1, Z_2, Z_3, …, Z_{M'}\}$ 所对应的投标人为中标人。

5.4.4.3　以储备土地为基础的建设项目招标方式的适用范围

以储备土地为基础的建设项目招标方式适用于当前任何一种城市储备土地使用权的供应，只是根据情况的不同，导致评标模型的参数值不同。

对普通商品住宅用途土地使用权的出让，如果出让地价过分偏高，将导致房价抬升，最终影响到购房者的利益，这违背了改善城市居民住房条件这一城市土地储备制度建立和实施的初衷。因此，在普通商品住宅用地供应时，住宅项目招标中商务标的最高价的设定应当合理，不应过高。另外，因为住宅用地与居民生活关系密切，在技术标中，外观、环保和节能等因素应当予以重视，这些评价指标在技术标中所占比例也应当相应设定得较大一些。

对工业用途储备土地使用权的供应，政府也应采用招标的方式。此时，不仅商务标中最高价要结合工业项目的产出水平和国家与地方的产业发展政策合理设定，而且还要结合工业项目自身生产流程对总体布置的要求以及工业项目经营管理的特征设定技术标。同时，商务标与技术标的权重比要合理。

对商业等经营性用途土地使用权的供应，政府可以放手让市场来调节出让价格。因此，土地储备机构在商业性建设项目招标时，可以将商务标中的最高价设定得相对高一些，甚至可以设定为无穷大，即不设最高价。在技术标中，政府应当重点考虑环境保护、交通组织、城市景观等指标。在一定的情况下，政府也可以将技术标的权重设定为零，即只考虑商务标的内容。

当技术标在总评定中所占的比例为零时，就转化为以储备土地使用权为标的、只评定投标者开价的土地使用权招标出让方式。不同之处在于招标出让方式中不设定最高开价，相当于商务标的最高价的设定是无穷大的。可见，土地使用权招标出让方式是以储备土地为基础的建设项目招标方式的一个特例。

5.4.4.4　以储备土地为基础的建设项目招标的配套条件

创新城市储备土地的供应方式，将土地使用权的"招拍挂"转变为以该储备土地使用权为基础的建设项目的招标，首先要有完善的法律支持。

在法律层面，《中华人民共和国招标投标法》第二条规定："在中华人民共和国境内进行招标投标活动，适用本法。"因此，以储备土地为基础的建设项目招标方式同样适用该法。《中华人民共和国招标投标法》第三条规定，大型基础设施、公用事业等关系社会公共利益、公众安全的项目，全部或者部分使用国有资金投资或者国家融资的项目，使用国际组织或者外国政府贷款、援助资金的项目是必须进行招标的建设工程项目。城市储备土地使用权的招标显然不在必须进行招标的项目之列。但是，城市储备土地使用权的出让对城市的经济发展以及公众的利益有很大的影响。城市政府在城市土地储备的过程中在收购土地、前期开发等环节投入大量的资金，这涉及土地能否盘活、巨额银行贷款能否偿还等一系列的问题。城市储备土地使用权的出让与城市规划之间往往存在冲突，进而影响到城市的发展。城市储备土地使用权的出让关系到城市的产业规划以及与城市各个经济部门之间的协调发展。城市储备土地使用权的出让，尤其是住宅土地使用权的出让对居民的影响甚大，关系到居民的住房条件、生活质量和社会福利等方面。正是基于城市储备土地使用权的出让对城市的经济发展以及公众的利益有很大的影响，笔者建议修改《中华人民共和国招标投标法》，将以城市储备土地使用权为基础的建设项目投标规定为必须进行招标的建设工程项目。

在地方性法律法规层面，目前各地都规定对经营性用地一般采用招标、拍卖和挂牌出让的方式，经营性用地中往往包含了普通住宅用地。但是，笔者认为，对住宅用地应该利用本书提出的新的储备土地供应方式，即采用以储备土地为基础的住宅建设项目招标的方式进行。对住宅用地的出让采用新的招标方式，更有利于发挥城市土地储备制度改善居民住房条件、提高社会福利水平的功能。因此，城市政府有必要修改土地储备法规中相应的储备土地供应方式的条款，将住宅用地供应明确列入项目招标的范围。

此外，将土地使用权的"招拍挂"转变为以储备土地为基础的建设项目的招标，尤其是对其中关系到城市居民生活质量与社会福利水平的普通商品住宅项目的招标，还需要建立配套的利润监督机制。

对住宅用地采用新的建设项目招标方式，与现行的土地使用权招标、拍卖、挂牌出让方式相比，开发商获取土地所花费的成本有所下降，城市政府让利于民的目的则在于将所减少的收益转移给作为购房者的市民。在这　过程中，开发商起到了一个利益传导介质的作用。但是，开发商会将这部分降低的成本，也就是政府通过改变储备土地供应方式所让出的利益，在多大程度上真正转移给购房者呢？因为房价是由地价、开发建设费用、税费、资金成本、利润以及供求关系等诸多因素共同决定的，倘若开发商对地价中政府的让利进行拦截，转化为自己的利润，政府采取新的供应方式的目的就落空了。因此，以储备土地为基础的建设项目的招标方式的实施还必须要有对开发商利润监督和限制机制的配套，以防止开发商对政府让利的拦截，保证该利益最大限度上转移到广大的城市居民手中。

5.5 本章小结

本章首先提出了什么是土地的供应。根据城市建设用地的需要，政府将那些经过一段时间的储备，并已完成前期开发的熟地，分期分批推向市场。通过收购环节进入储备的地块，出让时均视为一级市场行为，统一纳入土地供应总量计划，通过协议、招标、拍卖等方式进入市场。随着土地市场行为的逐渐规范，出让的方式应逐渐转为招标和拍卖。这就是土地储备运行机制中的土地供应。本章简要分析了土地供应现状。加入世界贸易组织后，我国已相应地开放了金融市场、证券市场、农产品市场、土地市场等各种市场。这些市场的开放，推动着我国产业结构的大调整。产业结构的大调整，必然会推动土地资源的重新配置，从而提高土地利用效益。土地资源的有效配置在很大程度上取决于土地资源的供求调节。本章进一步指出了土地供应中存在的若干问题。土地供应带有模糊性，缺乏前瞻性和连续性。由于城市化进程加速，城市人口规模增长速度过快和供应的土地被开发商囤积等原因，造成土地二级市场有效供给不足。城市政府的土地储备行为片面强调土地储备作为城市建设资金的一种来源的功能，忽视了土地储备增加社会总福利的功能。城市政府出让土地的热情较高，却往往只顾短期利益，不顾长期利益，超量出让土地。城市房价大幅攀升使得民众的生活成本增加，社会福利受到损害。本章着重运用博弈的方法对政府与开发商这两个利益群体进行了分析。在土地市场上，政府与开发商的博弈焦点体现在对开发商的授权上。由于此种授权在某种程度上可以实现经济利益的低成本或零成本（不通过开发项目而只是由征地安置费用的不合理分配获取利益，被征地农民的利益相应受到损害），因此获取这种授权就成了开发商与政府博弈的现实目标。在理论层面所设定的行为模式中，相对方却是与以组织形式出现的行政主体之间进行较量，这种非对称性可能为非正当博弈的滋生与膨胀留下空间——或者行政机关采用机构灰色手段，或者公务员利用权力设租、寻租。本章还就土地供应对房地产市场的影响进行了分析，提出了必须考虑城市中长期的建设规划，进而避免土地供应缺乏前瞻性和连续性；重视对房地产市场的预测分析。城市政府建立土地储备制度的目的就是要对土地进行宏观调控，保证房地产市场健康和理性发展。政府应运用地价管制手段，及时更新基准地价；认真研究和确定城市国有土地收购储备的价格；注意发挥价格机制的作用。本章还对土地供应的方式进行了理性的创新，将土地使用权的"招拍挂"转变为以该储备土地使用权为基础的建设项目的招标。

6 案例——重庆市九龙坡区土地收购储备运作分析

本书所采用的实例是九龙坡区华岩镇幸福村 1 社、齐团村 6 社的土地的收购储备的全过程，包括土地征用、土地整治储备、土地供应出让。

6.1 土地征用

九龙坡区华岩镇幸福村 1 社、齐团村 6 社有农村集体农用地共计 35.272 6 公顷（耕地 30.757 公顷）、农村集体建设用地 6.421 1 公顷、未利用地 11.317 3 公顷，2003 年，这两社的所有土地全部被征用。

6.1.1 土地征用过程中的授权

九龙坡区华岩镇幸福村 1 社、齐团村 6 社的农村集体农用地、农村集体建设用地、未利用地为这两社的全体农民共有，重庆市人民政府拥有这两社土地的处置权。在 2003 年 7 月 7 日发布的《重庆市人民政府关于九龙坡区实施城市规划建设用地的批复》的文件中，重庆市人民政府将土地的处置权授予了九龙坡区人民政府。此文件的内容如下：

九龙坡区人民政府：

你区《关于实施城市规划建设征用土地的请示》（九龙坡府地〔2003〕58 号）收悉。市政府同意你区实施城市规划建设用地，现批复如下：

一、同意你区上报的农用地转用方案、补充耕地方案和征用土地方案。

二、同意你区将华岩镇幸福村 1 社、齐团村 6 社农村集体农用地共计 35.272 6 公顷（耕地 30.757 公顷）转为建设用地并办理征地手续，另征用农村集体建设用地 6.421 1 公顷、未利用地 11.317 3 公顷。以上共计批准建设用地 53.011 公顷，根据该片区的控制性详细规划要求，对土地进行统一整治，按照渝府发〔2000〕68 号文件规定办理具体建设项目的用地手续。

三、根据重庆市人民政府令第 53 号的有关规定，同意将你区华岩镇幸福村 1 社 491 名、齐团村 6 社 338 名（共计 829 名）农业人口转为非农业人口。鉴于华岩镇幸福村 1 社、齐团村 6 社土地已被全部征用，同意撤销其建制，组建居民小组。

四、有关此项建设用地的安置补偿等事宜，由你区按照国土资源部令第 10 号和重庆市人民政府令第 53 号、55 号的有关规定组织实施。

从以上的文件内容可以看出，重庆市人民政府授权九龙坡区人民政府征用九龙坡区华岩镇幸福村 1 社和齐团村 6 社的全部土地。

6.1.2 土地征用的实施

九龙坡区政府按照规定对华岩镇幸福村 1 社、齐团村 6 社的土地进行统一整治、办理具体的建设项目的用地手续，组织实施此项建设用地的安置补偿，将华岩镇幸福村 1 社 491 名、齐团村 6 社 338 名（共计 829 名）农业人口转为非农业人口，对被征地农民的房屋、地上附着物和青苗等进行补偿，最后将华岩镇幸福村 1 社、齐团村 6 社农村集体农用地共计 35.272 6 公顷（耕地 30.757 公顷）转为了建设用地并办理了征地手续，另征用了农村集体建设用地 6.421 1 公顷、未利用地 11.317 3 公顷。

6.1.3 土地征用过程中的制度约束

在土地征用过程中，重庆市人民政府授权九龙坡区人民政府征用九龙坡区华岩镇幸福村 1 社、齐团村 6 社的土地的批复文件中就有对九龙坡区人民政府的约束，文件中有"以上共计批准建设用地 53.011 公顷，根据该片区的控制性详细规划要求，对土地进行统一整治，按照渝府发〔2000〕68 号文件规定办理具体建设项目的用地手续""有关此项建设用地的安置补偿等事宜，由你区按照国土资源部令第 10 号和重庆市人民政府令第 53 号、55 号的有关规定组织实施"等法律约束手段。重庆市人民政府通过这些文件、法令和规定对九龙坡区人民政府进行监督。《重庆市征地补偿安置办法》（重庆市人民政府第 55 号令）第三条规定，市和区、县（自治县、市）人民政府应加强对征地补偿、安置工作的领导，土地行政主管部门具体负责实施。计划、劳动、民政、信访等有关部门按照各自职责，协同土地行政主管部门做好征地补偿、安置工作。乡（镇）人民政府应协助土地等行政管理部门完成征地补偿、安置工作。这条规定加强了对征地单位的监督，提高了征地过程的透明度。

6.2 土地整治储备

重庆市人民政府将九龙坡区华岩镇的被征用的两个社授权给重庆市地产集团进行土地的整治储备。

6.2.1 土地整治储备过程中的授权

2003 年 7 月 22 日，重庆市人民政府发布《重庆市人民政府关于重庆市地产集团九龙坡华岩片区土地整治储备（一期）的批复》，将土地的整治储备权授予重庆市地产集团。此文件的内容如下：

重庆市地产集团：

你单位报来的渝地产文〔2003〕9 号请示收悉，现批复如下：

一、根据《重庆市国有土地储备整治管理办法》（重庆市人民政府令第137 号）规定，同意将九龙坡区华岩规划片区的 213.9 公顷（合 3 208.5亩）土地交给你单位进行储备整治，整治范围内的土地，未经原批准机关批准，不得擅自转让、划拨、出让、出租。

二、请你们依法做好储备土地的农地转用、征用和土地整治工作。

三、整治后的土地，由市土地行政主管部门组织验收合格后，交由市土地行政主管部门按规划依法组织招标、拍卖、挂牌出让。

四、根据市人民政府会议纪要 2001-68 号《研究建设杨家坪商业购物中心和综合治理桃花溪有关问题的会议纪要》的精神，上述储备土地的出让收益作为桃花溪综合治理建设专项资金。由九龙坡区政府用于桃花溪综合治理，九龙坡区政府不再参与该部分土地出让收益的分成。

五、你单位在实施土地整治中有关拆迁安置房屋建设涉及的城市建设配套费、人防易地建设费等予以免交。

2003 年 8 月 11 日，重庆市人民政府发布《重庆市人民政府关于重庆市地产集团九龙坡华岩片区土地整治储备的批复》。此文件的内容如下：

重庆市地产集团：

你单位报来的渝地产文〔2003〕38 号请示收悉，现批复如下：

一、根据《重庆市国有土地储备整治管理办法》（重庆市人民政府令第137号）规定，同意你单位在九龙坡区华岩镇对119.4公顷（合1791亩）土地进行储备整治，以补足为综合治理桃花溪工程5000亩土地整治范围。

同意你单位将九龙坡区华岩镇拟编控规区域中C、D、G、K地块478.5公顷（合7177.5亩）土地划拨给你单位作为市整治储备用地。整治范围内的土地，未经市土地行政主管部门批准，不得擅自转让、划拨、出让、出租。

二、请你们与九龙坡区人民政府衔接，并依法做好储备土地的农地转用、征用和土地整治工作。

三、整治后的土地，经组织验收合格后，交由市土地行政主管部门按规划依法组织招标、拍卖、挂牌出让。

从以上文件内容可以看出，在土地的整治储备过程中存在重庆市人民政府与重庆市地产集团之间对九龙坡区华岩规划区的213.9公顷土地的整治储备权的授予与被授予关系。

6.2.2 土地整治储备的实施

根据规定，重庆市地产集团对重庆市人民政府委托给其的5000亩土地进行了整治储备。在土地整治储备的实施过程中，重庆市地产集团与九龙坡区人民政府进行了磋商衔接，将整治储备的土地进行了区域地块的划分，以便于土地整治储备及土地整治储备后的交易。根据规定，重庆市地产集团对建设用地的安置进行了补偿，在征地补偿安置的过程中，重庆市地产集团对征地的补偿包括以下内容：被征地农民的安置费、房屋补偿费、土地附着物补偿费、集体企业补偿费、税费。其中，被征地农民的安置费包括劳动力安置费和养老安置费；房屋补偿费包括应补房屋款、过渡费、搬家费、宅基地内附着物补偿、第二年过渡费、拆迁奖励、多余房款；税费包括耕地占用税、有偿使用费、复垦费、统筹金、管理费。

6.2.3 土地整治储备过程中的制度约束

在土地整治储备的整个过程中，重庆市人民政府作为土地整治储备权的授予人，对其被授予人重庆市地产集团采取了一些激励措施和监督约束措施。重庆市人民政府规定，"整治范围内的土地，未经原批准机关批准，不得擅自转让、划拨、出让、出租""根据市人民政府会议纪要2001-68号

《研究建设杨家坪商业购物中心和综合治理桃花溪有关问题的会议纪要》的精神,上述储备土地的出让收益作为桃花溪综合治理建设专项资金。由九龙坡区政府用于桃花溪综合治理,九龙坡区政府不再参与该部分土地出让收益的分成""你单位在实施土地整治中有关拆迁安置房屋建设涉及的城市建设配套费、人防易地建设费等予以免交"。规定中的这几条都是对重庆市地产集团的一些法律约束和激励方法。另外,重庆市人民政府对重庆市地产集团在征地补偿和被征地农民的人员安置与住房安置方面也运用了一些法律约束和监督。《重庆市征地补偿安置办法》规定,为维护被征地单位和个人的合法权益,保障征地工作顺利进行,根据有关法律法规,结合重庆实际,制定本办法。第四条规定,征用土地应依法支付土地补偿费。土地补偿费、安置补助费以及地上附着物和青苗补偿费的使用、管理按照《中华人民共和国土地管理法实施条例》第二十六条的规定执行。第五条规定,征用土地的土地补偿费和安置补助费按照《重庆市土地管理规定》第三十九条的规定执行。第十二条规定,被征地单位的人员(包括农业人口、在校大中专学生、现役义务兵、劳改劳教人员)按有关规定农转非或以调整承包地方式予以安置。第二十一条规定,征地批文下达之日前,持有房屋所有权证和集体土地使用权证和被拆迁房屋的征地农转非人员为住房安置对象。

6.3 土地供应出让交易

经过重庆市地产集团的整治,重庆市九龙坡区的被征土地做好了区域规划。2005 年 12 月 6 日,重庆市规划局发出了《重庆市建设用地规划公告函》,对九龙坡区华岩镇联合村的地块 J10-09/02、J13-01/02、J13-02/02 的公示做了有关规划要求。2005 年 12 月 8 日,九龙坡区人民政府向重庆市人民政府发出了地块 J10-09/02、J13-01/02、J13-02/02 的公示请示,重庆市人民政府审批同意了该请示。2005 年 12 月 8 日,重庆市地产集团向九龙坡区国土局发出了《重庆市地产集团关于九龙坡区华岩储备土地综合价金的函》,说明了 J10-09/02、J13-01/02、J13-02/02 地块的土地储备整治完毕,将拟交易地块的综合价金组成费用函告了九龙坡区国土局,请其对出让金审核后报市局以公示交易,并取得了公示挂牌交易的审批。2005 年 12 月 16 日,重庆市地产集团与重庆斌鑫物业(集团)有限公司签订了重庆市地产集团储备地块意向性供地协议。该协议的具体内容如下:

为了加快经济发展，甲方（重庆市地产集团）拟对市政府批准储备的九龙坡区华岩片区地块编号为 J10-09/02、J13-01/02、J13-02/02，以道路中心线计土地面积 207 347.4 平方米（合 311.02 亩），其中可出让用地面积 144 282 平方米（合 216.42 亩）（以挂牌确认面积为准）按有关规定交国土部门实行招标、拍卖、挂牌出让。乙方（重庆斌鑫物业）有意受让该地块，且愿意按甲方提出的该地块的挂牌条件参与招标、拍卖、挂牌出让活动。甲、乙双方本着平等自愿、互惠互利、诚实信用的原则，经充分协商，达成如下意向性协议：

一、地块位置：

地块位于九龙坡区华岩镇联合村，紧临华龙大道。该地块南面与规划中的公园相邻，西临华龙大道，北有城市主干道。

二、项目主要技术指标（涉及规划的，以规划公示函为准，面积以国土部门核定为准）：

地块总面积：207 347.4 平方米（合 311.02 亩）。

建设用地面积：144 282 平方米（合 216.42 亩）。

用地性质：商住用地。

土地级别：住宅 10 级。

容积率：住宅<2.5。

总建筑规模<360 705 平方米。

三、各地块进行招标、拍卖、挂牌出让时间的约定：

1. 对以上地块，分两次在重庆市土地交易中心进行招标、拍卖、挂牌出让，乙方分两次受让该地块。

2. 将以上地块分为 1 号、2 号地块，1 号地块包括规划编号为 J10-09/02 的土地，2 号地块包括 J13-01/02、J13-02/02 的土地。

3. 甲方将 1 号、2 号地块于 2005 年 12 月 30 日前一并交市土地交易中心进行公示，土地总面积为 207 347.4 平方米（合 311.02 亩），可出让净用地面积为 144 282 平方米（合 216.42 亩），土地出让综合价金为 14 603.75 万元。

四、土地综合价金：

1 号、2 号地块综合价金合计为 14 603.75 万元（壹亿肆仟陆佰零叁万柒仟伍佰元整）。

五、付款方式：

1. 在本协议签订三日内，乙方支付给甲方 1 号、2 号地块的订金 1 460.38 万元（壹仟肆佰陆拾万零叁仟捌佰元整）。

2. 2005 年 12 月 31 日前，甲方将 1 号、2 号地块交土地主管部门公示，乙方经招标、拍卖、挂牌出让取得该地块的土地使用权三日内交付给甲方该地块的土地综合价金 3 000 万元，方可取得土地使用权确认书，并在一月内乙方完成国有土地使用权出让合同的签订。

3. 2006 年 6 月 30 日前，乙方支付给甲方土地综合价金 3 600 万元，甲方将 1 号地块的土地交给乙方。

4. 2006 年 10 月 31 日前，乙方支付完 1 号、2 号地块的土地综合价金，甲方将 2 号地块的土地交给乙方。

六、土地出让方式：

根据经营性土地必须招标、拍卖、挂牌出让的规定，若乙方经招标、拍卖、挂牌出让未能取得该宗地的开发使用权，甲方 7 日内退还订金（订金不计利息）。

七、双方的权利和义务：

（一）甲方的权利和义务：

1. 乙方严格按本协议第五条的约定付款。

2. 乙方没能取得该项目地块开发权时，甲方七日内退还乙方支付的订金（不计利息）。

3. 甲方负责提供有关资料及乙方取得确认书后协助办理有关手续。

4. 甲方保证该宗土地进行招标、拍卖、挂牌出让时总金额不超过本协议所定金额。如超过该协议所定金额，乙方有权放弃参加该地块的招标、拍卖、挂牌出让，甲方七日内退还订金（订金不计利息）。

5. 甲方负责在 2006 年 12 月 30 日前将 1 号地块（J10-09/02 地块）南、北侧规划道路实施并形成。

（二）乙方的权利和义务：

1. 乙方按协议参加该地块的招标、拍卖、挂牌出让而未能取得该地块的土地使用权，乙方有权要求甲方按约定时间退回订金（订金不计利息）。

2. 乙方严格按本协议第五条的约定向甲方付款，不按协议付款，乙方负违约责任。

3. 乙方在合法取得该地块的开发权后，严格按照九龙坡区规划分局的控规要求并按土地出让合同之约定尽早实施和完成该项目地块的开发建设。

4. 乙方取得确认书后按规定时间办理手续。

八、交地条件：

1. 如乙方未能按本协议第五条的约定付款，甲方有权调整供地对象，不负违约责任。

2. 若乙方不报名参加该地块的招标、拍卖、挂牌出让活动，甲方不退还订金。

九、其他（双方约定）：

1. 地块内集中绿化由乙方实施。

2. 用地范围内若涉及高压线、地下管网及市政设施等，如需拆除、搬迁，其费用由乙方承担。

十、纠纷的解决：

在本协议执行过程中，对未尽事宜甲乙双方应友好协商解决，协商不成，向重庆市仲裁委员会申请仲裁，仲裁决定为终局裁决，任何一方必须履行仲裁决定，仲裁费用由败诉方承担。

十一、本协议一式六份，双方各执三份，自双方签章之日生效，具有同等法律效力。

经过 2005 年 12 月 30 日的挂牌交易，重庆斌鑫物业（集团）有限公司以土地出让综合价金 14 604 万元获得了九龙坡区华岩镇 J10-09/02、J13-01/02、J13-02/02 地块的土地使用权受让资格。到此，重庆市九龙坡区华岩镇幸福村 1 社、齐团村 6 社的土地的收购储备并出让的全过程得以完成。

6.4　土地收购储备的收益分析

齐团村 6 社的征地总费用为 5 957.76 万元。各项具体费用为：劳动力安置费 557.86 万元、养老安置费 249.16 万元、应补房屋款 313.559 万元、过渡费与搬家费以及宅基地内附着物补偿共 85.016 万元、第二年过渡费 48.42 万元、拆迁奖励与多余房款 90.679 1 万元、附着物补偿 8.995 8 万元、集体企业补偿费 1 893.89 万元、耕地占用税 132.59 万元、有偿使用费 967.23 万元、复垦费 282.35 万元、统筹金 108.81 万元、管理费 134.2 万元、房屋建设费 1 085 万元。

幸福村 1 社的征地总费用为 6 769.39 万元。各项具体费用为：劳动力安置费 824.67 万元、养老安置费 346.185 万元、应补房屋款 428.07 万元、过渡费与搬家费以及宅基地内附着物补偿共 175.453 9 万元、第二年过渡费 114.9 万元、拆迁奖励与多余房款 154.845 万元、附着物补偿 23.461 3 万元、集体企业补偿费 1 029.6 万元、耕地占用税 113.47 万元、有偿使用费 1 153.23 万元、复垦费 246.74 万元、统筹金 129.76 万元、管理费 160 万元、房屋建设费 1 869 万元。

齐团村 6 社总面积为 362.71 亩，幸福村 1 社总面积为 432.46 亩，两社的总面积为 795.17 亩，征地总费用为 12 727.15 万元，从而可得征地的平均费用为每亩 16.01 万元。另外，在土地的储备过程存在下列费用：储备管理费为 4%，计 0.631 万元/亩，一年期贷款利率为 5.85%，计 0.923 万元/亩，加上征地费用则得九龙坡区华岩镇齐团村 6 社和幸福村 1 社的土地征用、整治储备的总费用为每亩 17.56 万元。

九龙坡区华岩镇 J10-09/02、J13-01/02、J13-02/02 号宗地位于九龙坡区华岩镇，总面积约 207 347 平方米（合 311.02 亩），其中出让面积约 144 282平方米（合 216.42 亩），划拨面积约 63 065 平方米（合 94.6 亩）（土地面积最终以实测为准），该宗地土地出让综合价金为 14 604 万元，由此可得九龙坡区华岩镇 J10-09/02、J13-01/02、J13-02/02 号土地的平均土地出让金为每亩 46.96 万元。

九龙坡区华岩镇 J10-09/02、J13-01/02、J13-02/02 号宗地的成本和土地的交易收入如下：土地征用、整治储备的总费用为每亩 17.56 万元，平均土地出让金为每亩 46.96 万元，平均土地出让金-平均土地征用、整治储备费用＝46.96-17.56＝29.4 万元/亩。由此可得，在九龙坡区华岩镇的土地的征用、整治储备过程中，土地的价值增长约为每亩 29.4 万元。

经过以上的分析，可知九龙坡区华岩镇齐团村 6 社和幸福村 1 社的土地征用、整治储备的收益约为每亩 29.4 万元。

6.5 本书相关理论在实例中的运用

6.5.1 实例中存在的博弈关系

在重庆市九龙坡区华岩镇齐团村 6 社和幸福村 1 社的土地收购储备过程中，可能存在的博弈关系主要如下：

一是在中央人民政府与重庆市人民政府之间以及重庆市人民政府与九龙坡区人民政府之间可能存在着土地收益分配博弈。我国法律规定在土地流转过程中，国家是土地的所有者，由国务院代表国家行使土地所有权。在具体的土地使用权出让过程中，对本实例而言，重庆市人民政府（或九龙坡区人民政府）是执行者，负责收缴土地出让金、土地增值收益等。在实际的土地流转过程中，重庆市人民政府（或九龙坡区人民政府）可能从自身管理的需要或利益角度出发，对其可以实际控制的土地以及若干权利进行直接和间接的管理，从而可能表现为重庆市人民政府（或九龙坡区人民政府）"所有"。

二是重庆市人民政府与开发商之间可能存在着博弈，这个博弈的焦点体现在对开发商的授权上。由于此种授权在某种程度上可以实现经济利益的低成本或零成本（不通过开发项目而只是由征地安置费用的不合理分配获取利益，被征地农民的利益相应受到损害），因此获取这种授权就成了开发商与重庆市人民政府博弈的现实目标。在此博弈中，参与人1——重庆市人民政府的行动集合有两种，即正常手段与灰色手段；参与人2——开发商的行动集合也有两种，即正常手段与灰色手段。

6.5.2　实例中激励机制的运用

在土地整治储备的整个过程中，重庆市人民政府作为土地整治储备的委托人，对其代理人重庆市地产集团采取了一些激励措施和监督约束措施。例如，重庆市人民政府对重庆市地产集团出台了法律约束和激励方法。另外，重庆市人民政府对重庆市地产集团在征地补偿和被征地农民的人员安置与住房安置方面也做了法律约束和监督规定，前已述及，此不赘述。

6.5.3　实例中约束机制的运用

在土地征用过程中，重庆市人民政府委托九龙坡区人民政府征用九龙坡区华岩镇幸福村1社、齐团村6社的土地的批复文件中就有对九龙坡区人民政府的约束，加强了对征地单位的监督，提高了征地过程的透明度。

重庆市地产集团为加强集团内部审计监督管理工作，规范集团及下属公司的经济行为，维护正常经济秩序，促进廉政建设，保障集团经济健康发展，根据《中华人民共和国审计法》及相关审计法规、《重庆市内部审计工作办法》以及集团实际情况，制定了《重庆市地产集团内部审计办法（试行）》，对重庆市地产集团内部进行制度约束。

重庆市地产集团为进一步提高集团工作效率和质量，确保集团各项重大决策的贯彻落实和各项工作任务的顺利完成，根据重庆市人民政府办公厅政务督查工作制度，结合集团实际，制定了《重庆市地产集团督查工作暂行办法》。该办法的内容包括督查工作的作用及意义、督查工作机构、督查工作范围及重点、督查工作程序、督查工作成效的考核评比、督查工作方法及要求。这些是对重庆市地产集团进行监督的制度约束。

7 结论和建议

在市场经济条件下，集约化使用土地和高效配置土地资源对经济建设十分重要。但土地资源的商品属性使土地利用不能仅仅依靠市场机制来配置，为解决在土地利用过程中出现的市场失灵现象，就需要政府通过土地储备制度来垄断一级市场。在土地储备过程中，政府要在正确认识土地储备制度目标的基础上，通过完善的法律体系支持，使土地储备作为一种新的机制，发挥盘活土地、优化土地资源配置、抑制房地产泡沫、保证土地资源利用可持续发展的作用。

随着我国土地储备制度的推行和发展，我国土地市场的规范化建设取得了长足的进步，但由于我国建立土地储备制度的时间还不长，尚存在一些不够完善的地方。例如，缺乏法律法规的支撑，没有明确的法律地位，在实践中出现了一些问题；土地储备机构性质定位模糊，责任、权利不明确，土地储备政策难以有效实施，且缺乏有效的监督机制，土地储备制度的公平公正很难保证，等等。这些问题影响到我国土地市场的高质量发展。加强土地储备制度的系统建设，建立多渠道资金筹集，保障土地储备顺利进行，才能使土地储备更好地服务于我国的经济建设。本书在深入分析土地收购储备的运行机制各个程序的基础上提出了一个适合我国土地储备制度有效运行的基本框架，并对完善土地储备的管理措施进行了探讨。

本书的主要研究结论归纳如下：

在土地收购方面，我国应继续实行土地占补平衡政策，严格节约用地制度。集约用地，盘活存量土地，土地收购储备必须能明显地增加耕地面积，能为地方经济发展提供用地条件。土地收购从根本上来讲是要把土地组织好，造就最佳的用地布局和最有效的土地利用运行空间，最终增强土地的产出能力，提高土地的利用效率。当前利益和长远利益应当有机结合，并贯穿土地整理发展战略的始终。我国应确定合理的土地收购价格，实行多种征地补偿方式，积极推进征地拆迁制度改革，平衡各类项目征地补偿标准，完善房屋拆迁政策体系，突破现行的土地补偿费使用原则，提取相应比例用于农民安置；拓宽思路，对部分特殊用地试行以租代征制度；明确土地收购价格，选用适宜的土地收购价格评估方法。

在土地储备方面，城市土地收购储备制度是在我国制度改革、城市土地市场发展以及国有企业改制过程中产生的一种土地管理制度，是我国土地制度的一种创新。建立城市土地储备制度不仅可以通过直接控制土地一级市场来达到调控房地产市场的目的，而且可以防止国有土地资产流失，增加政府财政收入，有利于筹集城市建设资金。我国现行的法律法规体系中还没有专门针对城市土地收购储备制度的相关法律，政府在实施土地收购储备制度的过程中，其行为遭到多方质疑。为使这一制度能够顺利实施并达到其建立的目的，我国应从完善土地收购储备制度的整个法律法规体系出发，弥补上位法、基本法中的法律漏洞，制定完善的土地收购储备法律法规，从地方政府便于宏观管理的角度变实施条例为管理条例，具体的操作规章由土地收购储备机构出台。我国应从宏观、中观、微观三个层面构建土地收购储备制度的法律法规体系。

土地收购储备制度从表面上看，既是储备土地，也是储备资金，土地收购储备运作过程中需要大量资金，这成为土地收购储备制度顺利实施的关键。笔者认为，构建城市土地收购储备财政保障制度是解决这一问题的有效途径。财政保障制度应包括构建城市土地收购储备中资金内部良性循环体系和土地收益分配体系。我国应通过扩大筹资渠道和丰富土地储备过程中开发项目方式等手段，合理确定土地收购价格，从资金流入方向和资金流出方向来构建资金内部良性循环体系。提高土地收购储备机构自有资金的比例才是保证土地收购储备过程中资金顺利流动的根本。土地收益分配体系也是土地收购储备财政保障制度必不可少的组成部分。

在土地供应方面，政府进行土地储备，一个重要的目的是对土地供应总量进行控制，因此必须考虑到城市中长期的建设规划，进而避免土地供应缺乏前瞻性和连续性，同时要重视对房地产市场的预测分析。城市政府建立土地储备制度的目的就是要对土地进行宏观调控，保证房地产市场健康和理性发展。

因此，要完善我国的土地储备运行机制，应该从以下三个方面入手：

在土地收购方面，我国应在科学客观评价储备土地实际价值的基础上，加强土地储备的管理，避免"圈而不用""储而不用"现象造成土地资源浪费。我国应确定合理的土地收购价格，继续实行土地占补平衡政策，采用多种征地补偿方式，积极推进征地拆迁制度改革，平衡各类项目征地补偿标准，完善房屋拆迁政策体系，突破现行的土地补偿费使用原则，提取相应比例用于农民安置；拓宽思路，对部分特殊用地试行以租代征制度。

在土地储备方面，我国应全面查清城镇存量建设用地的基本情况，分析土地集约利用潜力，研究盘活存量建设用地的措施，全面加快土地的市场化建设进程，加大国有土地招标、拍卖、挂牌出让的力度，加强机构建设，优化土地储备机构，优化管理模式，提高员工素质，加强政府领导，强化土地储备机构的主体地位，提高土地储备机构的行政地位，由政府分管领导直接负责土地储备工作。政府应制订科学的土地收购储备和供应计划，正确处理好地方经济发展和土地储备与供应的关系。各级地方政府应出台强有力的政策措施，积极支持并帮助改制企业盘活存量土地资产，建立健全土地储备基金制度，建立社会化资金筹措机制，加强土地收购储备风险控制以及贷款控制；实行法律制度、监督制度以及管理制度的约束，建立土地资源动态检测网络。

在土地供应方面，政府应以城市中长期发展规划和城市土地利用规划为基础，制订详尽、科学的土地出让计划。土地供应计划的制订应坚持层次性、公开性和合理性原则，避免土地供应缺乏前瞻性和连续性；同时要重视对房地产市场的预测分析，城市政府建立土地储备制度的目的就是要对土地进行宏观调控，保证房地产市场健康和理性发展。政府应运用地价管制手段，及时更新基准地价；认真研究和确定城市国有土地收购储备的价格，提高自有资金比例以减少利息支出，保障土地收购工作顺利进行且有效控制成本。政府应在土地整理前期引入市场竞争机制，通过招投标方式来选取专业化的土地整理公司，由中标的专业化的土地整理公司负责土地整理工作的具体实施，从而达到提高土地整理质量、节约土地整理成本的目的。政府应创新城市储备土地的供应方式，将土地使用权的"招拍挂"转变为以该储备土地使用权为基础的建设项目的招标，这种转变将会进一步完善我国的城市土地储备制度。

作为我国的新生事物，土地储备运行机制在发展中难免会出现或多或少的问题，我们应以积极扶持的态度逐步对其加以完善，使其健康发展。各地方政府也应本着因地而异、因时而异、因经济发展水平而异的原则，具体情况具体分析，逐步构建适应社会主义市场经济体制、适合地区社会经济高质量发展的土地储备运行机制。

总之，随着我国社会经济发展水平的不断提高，尤其是我国法治化水平的提高，我国土地储备运行机制的建设将不断深入，土地储备实践必将为我国经济社会的发展做出更大的贡献。可以预见，土地储备运行机制研究将是我们面临的一个不断发展的课题。随着社会实践的进一步推进，我们对土地储备的运行机制还将持续深入研究下去。

参考文献

［1］柯廷顿. 开放经济非均衡宏观经济学［M］. 林谦, 译. 上海: 上海译文出版社, 1992.

［2］洪银兴. 转轨阶段的经济运行和经济发展［M］. 南京: 江苏人民出版社, 1997.

［3］杨小凯. 经济学原理［M］. 北京: 中国社会科学出版社, 1998.

［4］林毅夫, 蔡昉, 李周. 比较优势与发展战略: 对 "东亚奇迹" 的再解释［J］. 中国社会科学, 1999 (5): 4-20.

［5］刘波. 资本市场结构: 理论与现实的选择［M］. 上海: 复旦大学出版社, 1999.

［6］宋东林. 市场有效性理论评析［J］. 经济学动态, 1995 (10): 69-74.

［7］郭鸿勋, 武康平. 土地储备运行中的财政风险: 基于土地价格变动的分析［J］. 财政研究, 2005 (4): 40-42.

［8］冯昌, 陈敬雄, 范宇. 土地储备与城市经营的融合、互动与协调［J］. 经济地理, 2004 (1): 91-94, 99.

［9］史大平. 完善城市土地储备制度的政策措施［J］. 经济研究参考, 2005 (55): 31.

［10］殷程旭, 周寅康, 彭补拙. 土地储备贷款业务的风险分析及防范措施［J］. 中国房地产金融, 2005 (6): 10-14.

［11］於忠祥, 李学明, 崔莉. 论城市土地储备制度［J］. 安徽农业大学学报 (社会科学版), 2004 (1): 50-56.

[12] 陈卓咏, 叶裕民. 城市土地储备数量和周期的理论分析 [J]. 中国土地科学, 2005 (4): 42, 43-47.

[13] 刘新芝, 张维. 土地储备资金风险防范问题研究 [J]. 经济师, 2005 (12): 61-62.

[14] 张文新. 论城市土地储备的理论基础 [J]. 城市发展研究, 2004 (2): 56-60.

[15] 刘新芝, 张维. 城市土地储备制度绩效研究 [J]. 山东经济, 2005 (4): 14-17.

[16] 黄小彪, 黄曼慧. 城市土地储备制度的功能、问题与发展对策分析 [J]. 中国房地产金融, 2005 (4): 12-16.

[17] 尚鸣. 消除信息不对称的制度基础 [J]. 中国投资, 2002 (3): 44.

[18] 吴唯实. 委托代理制与国有企业管理体制的改革 [J]. 江汉论坛, 2001 (7): 41-44.

[19] 张波. 土地, 如何储备: 土地储备库内涵、储备方式及问题评析 [J]. 中国土地, 2005 (2): 25-26.

[20] 何凤麟. 我国城市土地储备研究 [D]. 重庆: 重庆大学, 2004.

[21] 周亮. 土地储备制度中若干问题的法律思考 [J]. 行政与法, 2004 (5): 68-69.

[22] 尤建新, 孙弘宇. 土地储备组织过程的再思考及重新设计 [J]. 同济大学学报 (社会科学版), 2004 (2): 52-57, 62.

[23] 张更深. 中国土地储备研究 [D]. 天津: 天津大学, 2003.

[24] 戴卫平, 顾海英. 我国的土地储备制度: 纠正市场失灵还是弥补计划缺陷 [J]. 华南农业大学学报 (社会科学版), 2005 (2): 36-41.

[25] 武康平. 土地储备制度的经济分析 [J]. 福建论坛 (人文社会科学版), 2005 (7): 75-78.

［26］李厚德，陈德棉，张玉臣.信息不对称理论在风险投资领域的应用综述［J］.外国经济与管理，2002（1）：31-34.

［27］郭立芳，卢吉勇，张树峰.论我国城市土地储备机构的组织重构［J］.国土资源，2004（6）：28-31.

［28］万劲波，叶文虎.地方政府推进区域可持续发展能力建设的思考［J］.中国软科学，2005（3）：13-22.

［29］杨遴杰，林坚，李听，等.国外土地储备制度及借鉴［J］.中国土地，2002（5）：36-39.

［30］陈伯庚.以制度创新规范土地市场［J］.中国房地信息，2004（4）：3-7.

［31］杨佃辉，屠梅曾.我国城市土地储备制度融资渠道探析［J］.上海金融，2004（9）：8-10.

［32］韦曙林.中西企业委托代理制比较研究［J］.江西社会科学，2002（7）：180-183.

［33］杨俊玲，胡朝斌.关于重构国有企业委托代理制的思考［J］.学术探索，2003（A1）：144-146.

［34］魏允平.对国有企业多级委托代理制存在的问题与对策的思考［J］.中国监察，2005（4）：28-29.

［35］欧阳安蛟.中国城市土地收购储备制度：理论与实践［M］.北京：经济管理出版社，2002.

［36］张维迎.博弈论与信息经济学［M］.上海：上海三联书店，上海人民出版社，1996.

［37］克鲁格曼，奥伯斯法尔德.国际经济学：理论与政策（第八版）［M］.黄卫平，译.北京：中国人民大学出版社，2010.

［38］卢新海.中国城市土地储备制度研究［M］.北京：科学出版社，2008.

［39］约翰·梅纳德·凯恩斯. 就业、利息与货币通论［M］. 陆梦龙, 译. 北京：中国社会科学出版社，2009.

［40］陈岱孙. 从古典经济学派到马克思［M］. 北京：北京大学出版社，1996.

［41］道格拉斯·诺思. 制度、制度变迁与经济绩效［M］. 刘守英, 译. 北京：生活·读书·新知三联书店，1994.

［42］陈郁. 所有权控制权与激励［M］. 上海：上海三联书店，1998.

［43］赵敏, 张安明, 王力, 等. 城镇国有土地储备补偿价格探讨［J］. 西北师范大学学报（自然科学版），2005（1）：74-77, 82.

［44］唐星龄. 当前我国土地收购储备制度透视［J］. 中国土地，2005（3）：34-36.

［45］李世谦. 公开资本市场监管问题研究［M］. 北京：经济管理出版社，1997.

［46］克鲁格曼. 萧条经济学的回归［M］. 朱文晖, 王玉清, 译. 北京：中国人民大学出版社，1999.

［47］张文新. 城市土地储备对我国城市土地供求与地价的影响分析［J］. 资源科学，2005（6）：58-64.

［48］夏普, 等. 投资学［M］. 赵锡军, 等, 译. 北京：中国人民大学出版社，1998.

［49］谢康. 微观信息经济学［M］. 广州：中山大学出版社，1995.

［50］张维迎. 博弈论与信息经济学［M］. 上海：上海人民出版社，1996.

［51］弗里德曼. 弗里德曼文萃［M］. 高榕, 范恒山, 译. 北京：北京经济学院出版社，1991.

［52］爱伦·斯密德. 财产、权力和公共选择：对法和经济学的进一步思考［M］. 黄祖辉, 译. 上海：上海三联书店，1999.

[53] 郭吴新. 30 年代大危机：历史回顾与思考 [J]. 世界经济，1999（5）：10-15.

[54] 辛琳. 信息不对称理论研究 [J]. 嘉兴学院学报，2001（3）：38-42.

[55] 邹德文，陈要军. 从信息不对称理论看中国证券市场监管制度的建设 [J]. 湖北行政学院学报，2002（4）：81-85.

[56] 伊特韦尔. 新帕尔格雷夫经济学大词典 [M]. 北京：经济科学出版社，1992.

[57] 埃普里姆·艾沙. 发展中国家的财政政策与货币政策及其问题 [M]. 乌慈和，等，译. 北京：商务印书馆，1998.

[58] 仵志忠. 信息不对称理论及其经济学意义 [J]. 经济学动态，1997（1）：66-69.

[59] 潘飞. 会计信息不对称的理论与实证研究 [J]. 财经研究，1997（2）：54-56.

[60] 陈学彬. 宏观金融博弈分析 [M]. 上海：上海财经大学出版社，1998.

[61] 刘元春. 交易费用分析框架的政治经济学批判 [M]. 北京：经济科学出版社，2001.

[62] 徐俊贤，谷春艳. 信息不对称理论对证券发行市场的影响 [J]. 佳木斯大学社会科学学报，1999（4）：84-85.

[63] 吴春山，常青. 在税收征管中运用信息不对称理论的思考 [J]. 广西财政高等专科学校学报，2004（2）：61-64.

[64] 蔡宁，蒋景楠. 信息不对称理论在房地产市场上的应用 [J]. 价值工程，2003（1）：19-21.

[65] 慎金花，赖茂生. 从信息不对称理论谈我国信用体系建设中的信息支持问题 [J]. 情报资料工作，2003（1）：10-12.

［66］张素凤，英焕君，袁华. 关于"村会计委托代理制"运行情况的调研报告：以鞍山市千山区为对象［J］. 农业经济，2005（10）：59-60.

［67］陈祯. 信息不对称理论对我国经济改革的借鉴意义［J］. 河北经贸大学学报，1999（4）：11-15.

［68］周明友. 信息不对称理论在工程结算审计中的应用［J］. 西华师范大学学报（哲学社会科学版），2005（5）：115-117.

［69］史秋衡. 宁顺兰. 从信息不对称理论看高等教育中的行政干预［J］. 集美大学学报（教育科学版），2004（2）：24-29.

［70］李华. 信息不对称理论在审计关系中的应用［J］. 审计与经济研究，2003（5）：30-32.

［71］曹振良. 房地产经济学通论［M］. 北京：北京大学出版社，2003.

［72］思拉恩·埃格特森. 新制度经济学［M］. 吴经邦，等，译. 北京：商务印书馆，1996.

［73］金德尔伯格. 1929—1933 年世界经济萧条［M］. 宋承宪，洪文达，译. 上海：上海译文出版社，1986.

［74］AKERLOF G. The market for "lemons" quality uncertainty and the market mechanism［J］. Quarterly Journal of Economics, 1970, 84 (3)：488-500.

［75］AUSUBEL LAWRENCE W. Insider trading in a rational expectations economy［J］. American Economy Review, 1990, 80 (5)：1022-1041.

［76］BAINBRIDGE STEPHEN M. A behavioral economic analysis of mandatory disclosure：A thought experiment turned cautionary tale［D］. Los Angeles：University of California, 2000.

［77］BIKHCHANDANI SUSHIL, DAVID HIRSHLEIFER, IVO WL. A theory of fads, fashion, custom, and cultural changes as informational cascades［J］. Journal of Political Economy, 1992, 100 (5)：992-1026.

［78］CHANG ERIC C. An examination of herd behavior in equity markets, an international perpective［J］. Journal of Banking & Finance, 2000, 24 (10)：1651-1679.

[79] COASE ROLAND H. The problem of social cost [J]. Journal of Law and Economics, 1960 (10): 1–44.

[80] COFFEE JACK C. Privitization and corporate governance: The lessons from securities market failure [J]. Journal of Corporation Law, 1999 (25): 1–39.

[81] COPELAND THOMAS E, DAN GALAI. Information effect on bid–ask spread [J]. Journal of Finance, 1983, 38 (5): 1457–1469.

[82] DENNIS W GARLTON, DANIAL FISCHEL. The regulation of insider trading [J]. Stanford Law Review, 2007, 35 (5): 201–211.

[83] FAMA E. Efficient capital markets: A review of theory and empirical work [J]. Journal of Finance, 1970, 25 (2): 383–471.

[84] RAFAEL LA PORTA, FLORENCIO LOPEZ – DE – SILANES, ANDREI SHLEIFER, et al. Lega determinants of external finance [J]. Journal of Finance, 1997, 52 (3): 1131–1155.

[85] MODIGLIANI FRANCO, ENRICO MILLER. The cost of captial corporation finance and the theory of investment [J]. American Economics Review, 1958, 48 (4): 261–297.

[86] OBSFELD M, ROGOFF K. Foundations of international macroeconomics [M]. Cambridge: MIT Press, 1996.

[87] ROMER C D. The nation in depression [J]. Journal of Economis Perspectives, 1993, 7 (2): 19–39.

[88] SAMUELSON P. Proof that properly anticipated prices fluctcate randomly [J]. Industrial Management Review, 1965 (6): 41–49.

[89] STIGLER GEORGE. Public regulation of securities market [J]. Journal of Business, 1964 (37): 112–142.

[90] STIGLITZ J, WEISS A. Credit rationing in markets with imperfect information [J]. American Economic Review, 1981 (71): 393–410.

［91］ALTMAN E I, P NARAYANAN. An international survey of business failure classification model ［J］. Financial Markets, Instruments and Institutions, 1997, 6 (2): 1-57.

后记

　　本书是 2002—2008 年我在重庆大学管理科学与房地产学院攻读博士学位时所写的毕业论文的基础上修改而成的，研究案例的选取与相关政策的更新截至 2007 年年底。本书的研究工作是在我的导师的悉心关怀下完成的。导师的严谨治学态度、渊博的知识、无私的奉献精神以及高尚的人格魅力使我深受启迪。在此，我要向我的导师致以最衷心的感谢和深深的敬意。

　　特别要感谢我的父母、我的爱人，他们的殷切期望给了我坚持学习、完成本书撰写的动力。

　　感谢朱淑芳教授、颜哲教授、付鸿源教授、张仕廉教授、曹小玲教授、刘贵文教授对本书写作提出的宝贵意见。感谢重庆市地产集团龚昌立先生、王宪法先生在我调研和收集资料过程中给予的支持与帮助。

　　在此，向所有关心和帮助过我的领导、老师、同学和朋友表示由衷的谢意。

　　李沁怡老师参与了本书的修改和编辑，在此一并表示感谢。

母小曼

2022 年 1 月